铁路改革研究丛书

铁路网运关系调整研究

左大杰 等 著

西南交通大学出版社
·成 都·

图书在版编目（ＣＩＰ）数据

铁路网运关系调整研究 / 左大杰等著. —成都：
西南交通大学出版社，2020.6
（铁路改革研究丛书）
ISBN 978-7-5643-7452-5

Ⅰ．①铁… Ⅱ．①左… Ⅲ．①铁路运输管理 – 研究 –
中国 Ⅳ．①F532.1

中国版本图书馆 CIP 数据核字（2020）第 096758 号

铁路改革研究丛书
Tielu Wangyun Guanxi Tiaozheng Yanjiu
铁路网运关系调整研究

左大杰 等 著

责 任 编 辑	姜锡伟
助 理 编 辑	宋浩田
封 面 设 计	曹天擎
出 版 发 行	西南交通大学出版社 （四川省成都市金牛区二环路北一段 111 号 西南交通大学创新大厦 21 楼）
发 行 部 电 话	028-87600564　028-87600533
邮 政 编 码	610031
网 址	http://www.xnjdcbs.com
印 刷	四川煤田地质制图印刷厂
成 品 尺 寸	170 mm × 230 mm
印 张	13.75
字 数	203 千
版 次	2020 年 6 月第 1 版
印 次	2020 年 6 月第 1 次
书 号	ISBN 978-7-5643-7452-5
定 价	90.00 元

总　序

　　我国铁路改革始于20世纪70年代末。在过去的40多年里，铁路的数次改革均因铁路自身的发展不足或改革的复杂性而搁置，铁路改革已大大滞后于国家的整体改革和其他行业改革，因而铁路常被称为"计划经济最后的堡垒"。2013年3月，国家铁路局和中国铁路总公司①（以下简称铁总）分别成立，我国铁路实现了政企分开，铁路管理体制改革再一次成为行业研究的热点。

　　以中国共产党第十八届中央委员会第三次全体会议（简称中共十八届三中全会）为标志，全面深化铁路改革已经站在新的历史起点上。在新的时代背景下，全面深化铁路改革，必须充分考虑当前我国的国情、路情及铁路行业发展中新的关键问题，并探索解决这些关键问题的方法。经过较长时间的调研与思考，作者认为当前深化铁路改革必须解决如下12个关键问题。

　　第一，铁路国家所有权政策问题。国家所有权政策是指有关国家出资和资本运作的公共政策，是国家作为国有资产所有者要实现的总体目标，以及国有企业为实现这些总体目标而制定的实施战略。目前，如何处理国家与铁路之间的关系，如何明确国有经济在铁路行业的功能定位与布局，以及国有经济如何在铁路领域发挥作用，是全面深化铁路改革在理论层面的首要关键问题。

　　第二，铁路网运关系问题。铁路网运合一、高度融合的经营管理体制，是阻碍社会资本投资铁路的"玻璃门"，也是铁路混合所有制难以推进、公益性补偿机制难以形成制度性安排的根源，因而是深化铁路改革难以逾越的体制性障碍。如何优化铁路网运关系，是全面深化

---

① 2019年6月18日，中国铁路总公司正式改制挂牌成立中国国家铁路集团有限公司。

铁路改革在实践层面的首要关键问题。

第三，铁路现代企业制度问题。中共十八届三中全会明确提出，必须适应市场化、国际化的新形势，进一步深化国有企业改革，推动国有企业完善现代企业制度。我国铁路除了工程、装备领域企业之外，铁总及所属 18 个铁路局①、3 个专业运输公司绝大多数均尚未建立起完善且规范的现代企业制度，公司制、股份制在运输主业企业中还不够普及。

第四，铁路混合所有制问题。发展铁路混合所有制不仅可以提高铁路国有企业的控制力和影响力，还能够提升铁路企业的竞争力。当前②我国铁路运输主业仅有 3 家企业（分别依托 3 个上市公司作为平台）具有混合所有制的特点，铁总及其所属企业国有资本均保持较高比例甚至达到 100%，铁路国有资本总体影响力与控制力极弱。

第五，铁路投融资体制问题。"铁路投资再靠国家单打独斗和行政方式推进走不动了，非改不可。投融资体制改革是铁路改革的关键，要依法探索如何吸引社会资本参与。"③虽然目前从国家、各部委到地方都出台了一系列鼓励社会资本投资铁路的政策，但是效果远不及预期，铁路基建资金来源仍然比较单一，阻碍社会资本进入铁路领域的"玻璃门"依然存在。

第六，铁路债务处置问题。铁总在政企分开后承接了原铁道部的资产与债务，这些巨额债务长期阻碍着铁路的改革与发展。2016 年，铁总负债已达 4.72 万亿元（较上年增长 15%），当年还本付息就达到 6 203 亿元（较上年增长 83%）；随着《中长期铁路网规划（2016—2030）》（发改基础〔2016〕1536 号）的不断推进，如果铁路投融资体制改革不能取得实质性突破，铁路债务总体规模将加速扩大，铁路债务风险将逐步累积。

---

① 2017 年 7 月 "铁路改革研究丛书" 第一批两本书出版时，18 个铁路局尚未改制为集团有限公司，为保持丛书总序主要观点一致，此次修订仍然保留了原文的表述方式（类似情况在丛书总序中还有数处）。

② 此处是指 2017 年 7 月 "铁路改革研究丛书" 第一批两本书出版的时间。截至本丛书总序此次修订时，铁路混合所有制已经取得了积极进展，但是铁路国有资本总体影响力与控制力仍然较弱。

③ 2014 年 8 月 22 日，国务院总理李克强到中国铁路总公司考察时做出上述指示。

第七，铁路运输定价机制问题。目前，铁路运输定价、调价机制还比较僵化，适应市场的能力还比较欠缺，诸多问题导致铁路具有明显技术优势的中长途以及大宗货物运输需求逐渐向公路运输转移。建立科学合理、随着市场动态调整的铁路运价机制，对促进交通运输供给侧结构性改革、促进各种运输方式合理分工具有重要意义。

第八，铁路公益性补偿问题。我国修建了一定数量的公益性铁路，国家铁路企业承担着大量的公益性运输。当前铁路公益性补偿机制存在制度设计缺失、补偿对象不明确、补偿方式不完善、补偿效果不明显、监督机制缺乏等诸多问题。公益性补偿机制设计应从公益性补偿原理、补偿主体和对象、补偿标准、保障机制等方面入手，形成一个系统的制度性政策。

第九，铁路企业运行机制问题。目前，国家铁路企业运行机制仍受制于铁总、铁路局两级法人管理体制，在前述问题得到有效解决之前，铁路企业运行的有效性和市场化不足。而且，铁总和各铁路局目前均为全民所有制企业，实行总经理（局长）负责制，缺少现代企业制度下分工明确、有效制衡的企业治理结构，决策与执行的科学性有待进一步提高。

第十，铁路监管体制问题。铁路行业已于 2013 年 3 月实现了政企分开，但目前在市场准入、运输安全、服务质量、出资人制度、国有资产保值/增值等方面的监管还比较薄弱，存在监管能力不足、监管职能分散等问题，适应政企分开新形势的铁路监管体制尚未形成。

第十一，铁路改革保障机制问题。全面深化铁路改革涉及经济社会各方面的利益，仅依靠行政命令等形式推进并不可取。只有在顶层设计、法律法规、技术支撑、人力资源以及社会舆论等保障层面形成合力，完善铁路改革工作保障机制，才能推进各阶段工作的有序进行。目前，铁路改革的组织领导保障、法律法规保障、技术支撑保障、人力资源保障、社会舆论环境等方面没有形成合力，个别方面还十分薄弱。

第十二，铁路改革目标路径问题。中共十八届三中全会以来，电力、通信、油气等关键领域改革已取得重大突破，但关于铁路改革的顶层设计尚未形成或公布。个别非官方的改革方案对我国国情与铁路的实际情况缺乏全面考虑，并对广大铁路干部职工造成了较大困扰。

"十三五"是全面深化铁路改革的关键时期，当前亟须结合我国铁路实际研讨并确定铁路改革的目标与路径。

基于上述对铁路改革发展 12 个关键问题的认识，作者经过广泛调研并根据党和国家有关政策，初步形成了一系列研究成果，定名为"铁路改革研究丛书"，主要包括 12 本专题和 3 本总论。

（1）《铁路国家所有权政策研究》：铁路国家所有权政策问题是全面深化铁路改革在理论层面的首要关键问题。本书归纳了国外典型行业的国家所有权政策的实践经验及启示，论述了我国深化国有企业改革过程中在国家所有权政策方面的探索，首先阐述了铁路国家所有权政策的基本概念、主要特征和内容，然后阐述了铁路的国家所有权总体政策，并分别阐述了铁路工程、装备、路网、运营、资本等领域的国家所有权具体政策。

（2）《铁路网运关系调整研究》：铁路网运关系调整是全面深化铁路改革在实践层面的首要关键问题。本书全面回顾了国内外网络型自然垄断企业改革的成功经验（特别是与铁路系统相似度极高的通信、电力等行业的改革经验），提出了"路网宜统、运营宜分、统分结合、网运分离"的网运关系调整方案，并建议网运关系调整应坚持以"顶层设计+自下而上"的路径进行。

（3）《铁路现代企业制度研究》：在现代企业制度基本理论的基础上，结合国外铁路现代企业制度建设的相关经验和国内相关行业的各项实践及其启示，立足于我国铁路建立现代企业制度的现状，通过理论研究与实践分析相结合的方法，提出我国铁路现代企业制度建设的总体思路和实施路径，包括铁总改制阶段、网运关系调整阶段的现代企业制度建设以及现代企业制度的进一步完善等实施路径。

（4）《铁路混合所有制研究》：我国国家铁路企业所有制形式较为单一，亟须通过混合所有制改革扩大国有资本控制力，扩大社会资本投资铁路的比例，但是网运合一、高度融合的体制是阻碍铁路混合所有制改革的"玻璃门"。前期铁路网运关系的调整与现代企业制度的建立为铁路混合所有制改革创造了有利条件。在归纳分析混合所有制政策演进以及企业实践的基础上，阐述了我国铁路混合所有制改革的总体思路、实施路径、配套措施与保障机制。

（5）《铁路投融资体制研究》：以铁路投融资体制及其改革为研究对象，探讨全面深化铁路投融资体制改革的对策与措施。在分析我国铁路投融资体制改革背景与目标的基础上，借鉴了其他行业投融资改革实践经验，认为铁路产业特点与网运合一体制是阻碍社会资本投资铁路的主要原因。本书研究了投资决策过程、投资责任承担和资金筹集方式等一系列铁路投融资制度，并从投融资体制改革的系统性原则、铁路网运关系调整（基于统分结合的网运分离）、铁路现代企业制度的建立、铁路混合所有制的建立等方面提出了深化铁路投融资体制改革的对策与措施。

（6）《铁路债务处置研究》：在分析国内外相关企业债务处置方式的基础上，根据中共十八大以来党和国家国有企业改革的有关政策，提出应兼顾国家、企业利益，采用"债务减免""债转资本金""债转股""产权（股权）流转"等措施合理处置铁路巨额债务，并结合我国国情、路情以及相关政策，通过理论研究和实践分析，提出了我国铁路债务处置的思路与实施条件。

（7）《铁路运输定价机制研究》：在铁路运价原理的基础上阐述价值规律、市场、政府在铁路运价形成过程中的作用，阐述了成本定价、竞争定价、需求定价3种方式及其适用范围，研究提出了针对具有公益性特征的路网公司采用成本导向定价，具有商业性特征的运营公司采用竞争导向定价的运价改革思路。

（8）《铁路公益性补偿机制研究》：分析了当前我国铁路公益性面临补贴对象不明确、补贴标准不透明、制度性安排欠缺等问题，认为公益性补偿机制设计应从公益性补偿原理、补偿主体和对象、补偿标准、保障机制等方面形成一个系统的制度性政策，并从上述多个层面探讨了我国铁路公益性补偿机制建立的思路和措施。

（9）《铁路企业运行机制研究》：国家铁路企业运行机制仍受制于铁总、铁路局两级法人管理体制，企业内部缺乏分工明确、有效制衡的企业治理结构。在归纳分析国外铁路企业与我国典型网络型自然垄断企业运行机制的基础上，提出了以下建议：通过网运关系调整使铁总"瘦身"成为路网公司；通过运营业务公司化，充分发挥运输市场竞争主体、网运关系调整推动力量和资本市场融资平台三大职能；通过进一步规范公司治理和加大改革力度做强、做优铁路工程与装备行业；从日益壮大的国有资本与国有经济中获得资金或资本，建立铁路国有资本投资运营公司，以铁路国资改革促进铁路国企改革。

（10）《铁路监管体制研究》：通过分析我国铁路监管体制现状及存在的问题，结合政府监管基础理论及国内外相关行业监管体制演变历程与经验，提出我国铁路行业监管体制改革的总体目标、原则及基本思路，并根据监管体制设置的一般模式，对我国铁路监管机构设置、职能配置及保障机制等关键问题进行了深入分析，以期为我国铁路改革提供一定的参考。

（11）《铁路改革保障机制研究》：在分析我国铁路改革的背景及目标的基础上，从铁路改革的顶层设计、法律保障、政策保障、人才保障和其他保障等方面，分别阐述其现状及存在的问题，并借鉴其他行业改革保障机制实践经验，结合国外铁路改革保障机制的实践与启示，通过理论研究和分析，提出了完善我国铁路改革保障机制的建议，以保证我国铁路改革相关工作有序推进和持续进行。

（12）《铁路改革目标与路径研究》：根据党和国家关于国企改革的一系列政策，首先提出了铁路改革的基本原则（根本性原则、系统性原则、差异性原则、渐进性原则、持续性原则），然后提出了我国铁路改革的目标和"六步走"的全面深化铁路改革路径，并对"区域分割""网运分离""综合改革"3个方案进行了比选，最后从顶层设计、法律保障、人才支撑等方面论述了铁路改革目标路径的保障机制。

在12个专题的基础上，作者考虑到部分读者的时间和精力有限，将全面深化铁路改革的主要观点和建议进行了归纳和提炼，撰写了3本总论性质的读本：《全面深化铁路改革研究：总论》《全面深化铁路改革研究：N问N答》《全面深化铁路改革研究：总体构想与实施路线》。其中，《全面深化铁路改革：N问N答》一书采用一问一答的形式，对铁路改革中的一些典型问题进行了阐述和分析，方便读者阅读。

本丛书的主要观点和建议，均为作者根据党和国家有关政策并结合铁路实际展开独立研究而形成的个人观点，不代表任何机构或任何单位的意见。

感谢西南交通大学交通运输与物流学院为丛书研究提供的良好学术环境。丛书的部分研究成果获得西南交通大学"中央高校基本科研业务费科技创新项目"（26816WCX01）的资助。本丛书中《铁路投融资体制研究》《铁路债务处置研究》两本书由西南交通大学中国高铁发展战略研究中心资助出版（2017年），《铁路国家所有权政策研究》（2682018WHQ01）（2018年）、《铁路现代企业制度研究》（2682018WHQ10）（2019年）两本书由西南交通大学"中央高校基本科研业务费文科科研项目"后期资助项目资助出版。感谢中国发展出版社宋小凤女士、西南交通大学出版社诸位编辑在本丛书出版过程中给予的大力支持和付出的辛勤劳动。

本丛书以铁路运输领域理论工作者、政策研究人员、政府部门和铁路运输企业相关人士为主要读者对象，旨在为我国全面深化铁路改革提供参考，同时也可供其他感兴趣的广大读者参阅。

总体来说，本丛书涉及面广，政策性极强，实践价值高，写作难度很大。但是，考虑到当前铁路改革发展形势，迫切需要出版全面深化铁路改革系列丛书以表达作者的想法与建议。限于作者知识结构水平以及我国铁路改革本身的复杂性，本丛书难免有尚待探讨与诸多不足之处，恳请各位同行专家、学者批评指正（意见或建议请通过微信/QQ：54267550发送给作者），以便再版时修正。

左大杰

西南交通大学

2019年3月1日

前言

　　长期以来，我国铁路运输业的自然垄断性与市场经营性互相交织，阻碍了以市场为导向的铁路改革进程，并导致现代企业制度不完善、社会资本难以进入、铁路债务难以处理、公益性补偿不到位等诸多深层次问题变得突出，铁路改革发展面临较大挑战。铁路现行的"网运合一、高度融合"经营管理体制不仅难以满足市场经济条件下铁路行业的发展需求，而且还在一定程度上成为铁路进一步改革发展的体制性障碍，铁路网运关系调整刻不容缓。

　　网运关系是铁路经营管理体制的重要组成部分，直接决定经营管理体制能否适应市场发展趋势。我国铁路作为一个网络型、超大型自然垄断行业，如何处理路网与运营之间的关系，已经成为全面深化铁路改革技术层面的首要和关键问题。中共十八届三中全会通过的《中共中央关于全面深化改革若干重大问题的决定》（以下简称《决定》）对自然垄断企业提出了"根据不同行业特点实行网运分开、放开竞争性业务，推进公共资源配置市场化，进一步破除各种形式的行政垄断"的重要论断，对于铁路网运关系调整具有重要的指导意义。

　　本书以中共十八届三中全会精神为指导，立足于全面深化铁路改革的宏观高度，对我国铁路网运关系调整进行深入研究和探讨。在充分借鉴国内外网络型自然垄断行业网运关系调整的实践经验，并总结我国铁路经历的数次重大改革和我国大型国有企业改革实践的基础上，结合当前我国国情和铁路路情，阐述了我国铁路网运关系调整的必要性及采用"基于统分结合的网运分离"经营管理体制的可行性，明确了网运关系调整"四步走"的具体实施路径及其保障机制。同时，本书根据中共十八届三中全会首次提出或进一步完善的"现代企业制度""混合所有制""现代产权制度"等一系列重要论断，提出铁路网运关系调整后现代企业制度建设、混合所有制改革、铁路债务处置等后续改革的初步设想，以期形成一套相对完善的网运关系调整方案，为我国全面深化铁路改革提供参考。

本书一共分为9章。第1章为绪论，阐述了本书研究背景、研究意义、研究内容与技术路线，描述了我国铁路发展和改革的现状与历程，分析了我国铁路网运关系调整的影响因素；第2章分析了"网运合一"和"网运分离"两种网运关系，并比较了这两种网运关系下的多种铁路改革方案；第3章为国内外相关改革实践的总结，通过借鉴不同国家铁路改革以及我国类似垄断行业改革的实践经验，分析"网运分离"在我国铁路改革发展中的适用性；第4章为"统分结合的网运分离"方案的必要性与可行性分析；第5章描述在"统分结合的网运分离"模式下，路网与运营的职能划分以及相关监管机制的建立；第6章分析了"统分结合的网运分离"的特点，提出了基于我国铁路现状的"四步走"网运关系调整路径；第7章提出了在网运关系调整之后，铁路改革在现代企业制度、混合所有制、投融资体制、债务问题、公益性补偿等方面的后续改革设想；第8章阐述了铁路网运关系调整的保障机制；第9章总结了本书的研究成果，并提出了未来的研究展望。

本书基本框架、总体思路与主要观点由西南交通大学左大杰副教授负责拟定。各章分别由西南交通大学左大杰（第1章、第7章）、黄蓉（第2章、第8章）、陈瑶（第3章）、罗桂蓉（第4章）、唐莉（第5章）、丁祎晨（第6章）、乔正（第9章）撰写。全书由左大杰负责统稿。

本书参阅了大量国内外著作、学术论文和相关文献等资料（由于涉及文献较多，难免出现挂一漏万的情况），在此谨向这些文献的作者表示由衷的谢意！

由于我国全面深化铁路改革理论与实践仍处在快速发展中，以及编著者水平和能力有限，本书难免存在不足之处，欢迎广大读者批评指正。

左大杰

2018 年 11 月 2 日

目 录

第 1 章　绪　论

1.1　研究背景与研究意义

1.1.1　研究背景

1. 全面深化改革背景

中国共产党第十八次全国代表大会（简称中共十八大）召开之后，我国改革逐渐进入"深水区"和"攻坚区"，我国经济、政治、文化等多方面都亟须进一步深化改革以适应新时期的发展环境和我国的经济特征。2013 年中共十八届三中全会通过了《中共中央关于全面深化改革若干重大问题的决定》（下简称《决定》），指出要在经济、政治、文化、社会、生态等 5 个方面深化改革、系统建设，全面推进国家治理体系和治理能力现代化。

在经济方面，《决定》指出要紧紧围绕使市场在资源配置中起决定性作用来深化经济体制改革，坚持和完善基本经济制度；积极发展混合所有制经济，允许更多国有经济和其他所有制经济发展成为混合所有制经济；推动国有企业完善现代企业制度，国有企业必须适应市场化、国际化新形势，以规范经营决策、资产保值增值、公平参与竞争、提高企业效率、增强企业活力、承担社会责任为重点，进一步深化国有企业改革。

2. 国有企业改革背景

从 1978 年中共十一届三中全会确立改革开放以来，我国国有企业改革便一直在不断摸索中前行。新时期的国企改革进一步向掌握国家命脉的重点行业深入和推进，如在石油、电力、通信、铁路等大型垄断行业领域，国企改革有了更加明确的侧重点。《决定》提出要：健全现代产权制度；积极发展混合所有制经济；国有资本继续控股经营的自然垄断行业，实行以政企分开、政资分开、特许经营、政府监管为主要内容的改革；根据不同行业特点实行网运分开、放开竞争性业务，推进公共资源配置市场化，进一步破除各种形式的行政垄断；健全公司法人治理结构等改革指导意见。

国企改革正在试图突破更为核心的体制障碍。2015年中共中央、国务院出台了《中共中央国务院关于深化国有企业改革的指导意见》（以下简称《意见》），《意见》中指出国有企业仍然存在一些亟待解决的突出矛盾和问题，主要包括：一些企业市场主体地位尚未真正确立，现代企业制度还不健全，国有资产监管体制有待完善，国有资本运行效率需进一步提高；一些企业管理混乱，内部人控制、利益输送、国有资产流失等问题突出，企业办社会职能和历史遗留问题还未完全解决。《意见》主要从推进国企分类改革、完善现代企业制度、发展混合所有制、完善国有资产管理体制等方面给出改革建议。

自中共十八届三中全会召开以来，电力、通信等行业的全面深化改革取得了很好的成果，特别是通信领域成立了铁塔公司的共享竞合模式，已经成为国企改革重组的三大范式之一。

3．深化铁路改革背景

2013年，铁路体制改革迈出了"政企分开"的重要一步。根据十二届全国人大一次会议批准的《国务院机构改革和职能转变方案》，实行铁路政企分开，撤销铁道部，将铁道部拟订的铁路发展规划和政策的行政职责划入交通运输部，组建中国铁路总公司和国家铁路局。国家铁路局由交通运输部管理，承担原铁道部的其他行政职责，负责拟订铁路技术标准，监督管理铁路安全生产、运输服务质量和铁路工程质量等工作；中国铁路总公司负责原铁道部的企业职责。

中国铁路总公司成立后，先后采取了货运改革、"铁路客运服务质量年"、网上订餐等一系列改善铁路服务的举措，但这些举措仅限于企业内部经营管理方式的改善，属于企业运行机制层面的改革，而在根本体制上仍然基本延续原铁道部的经营管理体制，没有实现体制上的突破，路网的公益性与运营的经营性相互交织、现代企业制度尚未全面建立，铁路总公司仍面临负债庞大、还本付息持续走高的巨大风险。

2013 年国务院颁发《关于改革铁路投融资体制加快推进铁路建设的意见》，2016 年国家发改委下《关于调整铁路货运价格进一步完善价格形成机制的通知》，铁路逐步在投融资改革、运价调整方面做出新的探索，但总体进程缓慢，铁路改革尚未形成系统性解决方案。

当前铁路一系列深层次问题十分突出，铁路系统内部改革的呼声日益高涨，铁路深化改革也面临着前所未有的良好时机。近年来，我国经济社会发展迅猛，国家对基础设施投入不断增加，截至 2017 年年底铁路运营里程达到 12.7 万千米，铁路已从能力限制型转为基本适应经济社会发展，为"十三五"时期铁路全面深化改革提供了坚实的物质基础。同时，"十三五"期间铁路仍将保持快速发展势头，将计划投资 3.5 万亿元，预计到"十三五"末期，整个铁路运营里程将达到 15 万千米，其中高速铁路要达到 3 万千米的规模，铁路发展所需人员增量正好减弱甚至消除改革带来的人员安排压力，能够妥善处理改革、发展、稳定三者间的关系。可见，深化铁路改革已经进入最佳窗口期。

4．网运关系调整背景

长久以来，我国铁路运输业的自然垄断性与市场竞争性互相交织，阻碍了以市场为导向的铁路改革进程，铁路改革明显滞后于其他具有垄断性质的大型国有企业改革。经营管理存在受体制束缚、中长期债务难以处理、公益性补偿不到位、现代企业制度不完善、社会资本难以进入等存在于我国铁路的综合管理、计划规划、投资建设和企业经营等各个层面的诸多问题。铁路目前"网运合一、高度融合"的经营管理体制是阻碍社会资本参与铁路建设和运营的"玻璃门"，直接导致铁路竞争机制缺乏，市场配置资源的决定性作用难以发挥，不仅难以满足市场经济条件下铁路行业的发展需求，并在客观上不断加深了铁路内部矛盾，一定程度上成为铁路进一步发展的体制性障碍。

如何处理铁路路网与运营的关系，从而既保证路网统一性以便充分发挥效率，又能充分吸引各类社会资本进入铁路形成竞争机制，并为全面解决铁路现代企业制度、混合所有制、中长期债务处理、投融资体制、公益性补偿等一系列深层次问题创造有利条件，已然成为全面深化铁路改革实践层面的首要和关键问题。

1.1.2　研究意义

1．贯彻铁路国家所有权政策

"十二五"规划纲要提出，探索实行公益性和竞争性国有企业分类管理。中共十八届三中全会通过的《中共中央关于全面深化改革若干重大问题的决定》（以下简称《决定》）提出要准确界定不同国有企业功能，并提出一系列国有企业在分类分层改革与监管方面的新论述。可见，实行国有企业分类管理已成为国企改革的一个重要趋势，即根据企业属性、产业特征和发展阶段，按公益、功能、竞争三个类别对国有企业赋予不同的目标和管理模式，实行分类管理。

按照《决定》的要求："国有资本加大对公益性企业的投入，在提供公共服务方面做出更大贡献。国有资本继续控股经营的自然垄断行业，实行以政企分开、政资分开、特许经营、政府监管作为主要内容的改革"。目前，铁路行业具有更多公益性的路网基础设施和具有更强竞争性的运输经营业务，由于二者之间的功能使命界定不清，进而导致诸多深层次问题的产生。铁路路网基础设施和运输经营业务应予分开以便于实施分层定位、分类管理，因此十分有必要对铁路目前的网运关系进行调整[1]。

2．解决铁路发展深层次问题和矛盾

深化铁路改革将面临铁路现代企业制度、混合所有制、投融资体制、债务处置、公益性补偿、企业运行机制、改革保障机制、监管体制、改革目标与路径等诸多挑战，而铁路网运关系调整是解决铁路诸多深层次问题的破门斧，是全面深化铁路改革的突破口，一套适应我国铁路长期可持续发展的经营管理体制将有效打破铁路投融资体制、

---

[1]　参见"铁路改革研究丛书"之《铁路国家所有权政策研究》。

公益性补偿、中长期债务问题等方面的诸多障碍，为铁路行业改革发展创造更多的有利条件。

例如，在铁路投融资方面：一方面，由于铁路基建项目所需资金具有规模大、密集型的特点，很多规模较小、较分散的社会资本基本上不具有直接参与铁路建设的现实可行性；另一方面，在国家铁路高度垄断、中国铁路总公司既是铁路的调度指挥者又是运营者的体制之下，一旦出现运输能力相对紧张的情况，铁路统一调度不可避免地会出现牺牲非国家铁路的利益以保证国家铁路利益最大化，因而破坏了公平的市场竞争环境，极大地削弱了各类社会资本特别是非国有资本参与铁路运营积极性的情况。铁路网运关系调整将为打破最后一层阻碍社会资本投资铁路的"玻璃门"创造有利条件，为各类社会资本注入铁路领域提供更多机会[①]。

再如，在公益性补偿方面：当前铁路公益性补偿机制存在系统制度设计缺失、补偿对象不明确、补偿方式不完善、补偿效果不明显、监督机制缺乏等诸多问题。公益性铁路与公益性运输项目之间应执行不同的补偿方式，因此科学合理的公益性补偿机制的实现将有赖于网运关系的深层调整。

还如，在铁路市场化改革方面：长期以来，政府对铁路的一系列管制虽然在一定程度上发挥了巨大作用，但却在一定程度上扭曲了市场价格信号，违背了市场在资源配置中的决定性作用。铁路网运关系调整将有助于铁路企业探索出一套符合市场机制的铁路运输定价机制，使之适应市场化背景下铁路运输业的发展需求，不断增强铁路运输企业活力和竞争力、提高铁路运输业发展质量[②]。

3．确保铁路运输安全高效

铁路行业具有典型的网络型结构特征，要求整个路网密切协作，从而发挥网络的整体功能。为此，应确保铁路网络具有统一性，以便基础设施建设采用统一的技术标准并在投入运营后实施统一的运输调度，从而有利于铁路运输的安全有序和高效畅通。

铁路基础设施投资巨大，坚持对铁路基础设施实行统一建设管理，

---

① 参见"铁路改革研究丛书"之《铁路投融资体制研究》。
② 参见"铁路改革研究丛书"之《铁路运输定价机制研究》。

能够优化铁路运输能力资源配置，合理规划新建基础设施，科学优化既有基础设施，从站在供给侧的角度促进资源的高效利用。从统一调度指挥的角度，坚持全路统一调度指挥，还能够合理调整铁路运输生产力布局，保证铁路运输的平稳有序和畅通高效，从而缓解目前我国铁路运输存在的供给与需求矛盾。

我国疆域辽阔，跨区域、长距离的客货运输需求较多，只有保持铁路路网的统一和完整，这些运输才能更高效地进行。我国铁路路网虽然规模庞大、线网复杂，但却具有密度小、承载能力低、布局不平衡的特点，这些特点决定了不宜对其进行分拆，否则容易破坏其整体性，降低整体效能。同时，路网具有明显的网络经济性，即路网规模的扩大，将提升铁路运作的空间，这将有利于铁路更好地调节各线路的负荷，提高整个网络的能力利用程度和利用效率，也提高了消费者实现运输服务消费的稳定性和灵活性[1]。

1.2 我国铁路发展现状与改革历程

1.2.1 我国铁路发展现状

从 2004 年国家《中长期铁路网规划》实施以来，我国铁路运输业在路网建设、运输服务、技术装备等方面都有了很大发展。截至 2016 年年底，我国铁路运输主要指标如表 1-1 所示。

表 1-1 我国铁路运输主要指标表

全国铁路营业里程（万千米）	12.4
全国铁路复线里程（万千米）	6.8
复线率（％）	54.8
全国铁路电气化里程（万千米）	8.0
电气化率（％）	64.5
路网密度（千米/万平方千米）	132.9
在全社会旅客运输量中占比（％）	13.0%
在全社会货物运输量中占比（％）	8.0%

注：以上数据根据《2016 年铁道统计公报》及国家统计局年度数据整理或推算而得。其中，在全社会旅客运输量中占比和在全社会货物运输量中占比这两个数据为 2015 年的数据。

总体来说，路网规模较大，路网密度有待扩增，市场竞争力亟待提升，特别是适合铁路运输的中长距离货物运输。能否激发铁路企业活力和市场竞争力将直接关系铁路能否持续为经济发展做出贡献。通过中国铁路产业市场结构表（见表 1-2）可以看出，国家铁路在客运量、货运量、旅客周转量和货物周转量均占据全国铁路市场极大份额。在运输能力相对紧张、国有资本既是铁路的调度指挥者又是运营者的路情之下，铁路统一调度不可避免地牺牲非国家铁路的利益以保证国家铁路利益最大化，这极大削弱了社会资本特别是非国有资本参与铁路运营的积极性。

表 1-2　2016 年中国铁路产业市场结构

项　　目	国家铁路	其他铁路	国家铁路在铁路市场份额
客运量（万人）	277 301	4 104	98.54%
旅客周转量（亿人千米）	12 527.88	51.41	99.59%
货运量（万吨）	265 206	67 980	79.60%
货物周转量（亿吨千米）	21 273.21	2 519.05	89.41%

注：根据《2016 年铁道统计公报》整理或推算而得。

同时，由于东部地区经济发达，人口、产业集中，路网密度高，而对于相对落后的中西部地区来说，我国铁路路网存在明显的不均衡性。这也导致运输能力和运输效益相差极大，如北京、上海、广州等路局（集团公司）配备机车车辆数多，在京沪、武广等高铁线路高铁列车开行频率高、上座率高，收益相对于中西部欠发达地区来说也较高。

然而，在路网建设仍需不断完善的同时，铁路正面临着诸多难题，特别是投资、债务等问题十分突出。

近年来，随着铁路建设进度的加快，一大批重点项目相继建成投产，我国铁路建设虽然取得了较大的成就，但同时也导致中铁总的债务规模持续增加。虽然在大量举债的同时铁路总资产也快速增长，总体上是合理可控的，但是由于债务规模太大，企业仍存在财务风险。据统计，截至 2017 年 12 月 31 日，中铁总负债达 4.99 万亿元，较 2016 年年末 4.72 万亿元增长约 2 700 亿元。巨额负债带来巨大的还本付息压力。根据中铁总各相关年度财务报告，铁总2013年年底至2017年还本付息分别是2 157.39亿元、3 301.84亿元、3 385.12亿元、6 203.35亿元、5 405.07亿元，其中仅利息支出分别高达535.33亿元、629.98亿元、779.16亿元、752.16亿元、760.21亿元。由此可知，铁路债务已经严重影响了铁路运输企业的正常经营。

除了庞大的建设需求，我国铁路建设资金结构不合理、投融资渠道单一也是直接导致铁路中长期负债规模不断增大，铁路债务风险持续累积的原因。自2011年下半年铁道部首次出现大面积资金缺口以来，铁路建设资金缺口正以惊人的速度扩大。目前铁路行业"政企分开"之后，参与铁路投资的社会资本总量仍是很小，无法从根本上缓解铁路建设发展的资金压力。"融资贵、融资难"是社会资本投资铁路面临的最大难题。铁路投融资政策已向社会开放，社会资本与铁路之间的"有形门"得以完全拆除，但社会资本投资铁路的积极性仍然不高，充分说明阻碍社会资本投资铁路的"玻璃门"仍然存在。

铁路面临的诸多难题，只有通过深化改革才能得到妥善而且有效地解决。

1.2.2　我国铁路改革历程

从中国铁路近40年的改革过程看，铁路改革主要围绕放权让利，调动铁路运输基层单位的积极性，对国有资产管理、运营方式的改变等内容进行探索。大体上讲，中国铁路改革主要经历了以下五个阶段[2]。

1. 第一阶段（20世纪80年代）

20世纪80年代尝试全行业对国家实行经济责任大包干。铁道部为搞活运输企业，在计划、财务、劳资、物资、人事等方面放权让利，充分发挥铁路运输企业的活力和积极性。然而总的看来，铁路与国家的关系仍没有实质性的改变，铁路经营成果与铁路建设发展互不挂钩。为解决这一问题，国务院于1986年3月31日批准了国家计委、国家经委、财政部、中国人民银行、铁道部5个部门联合提出的《关于铁道部实行经济承包责任制的方案》。铁道部自 1986 年开始实行"投入产出、以路建路"的经济承包责任制。这种"包投入、包产出、包以路建路"的经济承包责任制，简称为"大包干"。"大包干"方案对铁路与国家的经济关系做了具体规定：一方面是铁道部对国家的承包；另一方面是国家对铁道部承包的支持和保证条件。铁道部对国家的承包内容主要有：包运输任务，包机车车辆生产任务，包铁路建设规模和形成运输能力，包基本建设投资和机车车辆购置费，包缴纳税款；保证严格遵守财经纪律，接受国家的财政监督。

实行"大包干"的目的有两个：一是试图明确国家同铁路的关系，也就是说国家在价格、税收等方面给予铁路一定的政策和优惠条件，使铁路能够实现以路建路、以路养路的目标；二是在铁路内部以契约形式界定主管上级和企业在一定时期内的责权关系，将铁路的改造与发展同自身的经营效果联系起来，借此减少上级主管部门对企业的日常干预。

但是，由于随后宏观经济层面出现了物价全面上涨，宏观环境日益趋紧，致使以路建路的"大包干"包不住，使得"大包干"政策无法继续。从更深层次分析，铁路"大包干"仍然属于放权让利这一层次的改革，虽然在一定程度上调动了企业的积极性，但却无法解决政企不分的问题。同时这项改革还反映了当时对铁路运输和建设的特殊性问题缺乏充分估计和认识。"大包干"既没有对铁路的多重属性进行清晰的界定，也没有把政府职能跟企业职能进行清楚的划分，"层层承包"也不适用于调整铁路运输部门之间的关系，对生产效率的提高并未起到实质性作用。所以，在安全事故频发的背景下，本次改革很快被搁置。

2．第二阶段（20 世纪 90 年代）

20 世纪 90 年代是探索建立现代企业制度时期。从 1993 年 7 月 1 日起，国家实行新的统一财税制度，铁路运输业的"大包干"实质上被取消，统一执行新的、规范化的利税分流制度。此后，在铁道部政企合一、铁路与国家的关系仍没有完全理顺的现实条件下，围绕企业改革这个中心环节,铁路运输业开始进入了现代企业制度的试点阶段。

　　1993 年 2 月 8 日，中国铁路第一家由铁路局改制的铁路运输企业——广州铁路（集团）公司挂牌成立，这标志着中国铁路市场化改革进程从初级的承包制试验正式跨入到比较深化的公司制试点阶段。1994年，铁道部根据中共十四届三中全会《决定》精神和《深化铁路改革三十条》，提出运输企业创造条件积极走向市场，施工、工业企业率先走向市场，大力发展多种经营，积极推进合资建路，扩大对外开放，转换政府职能。同时铁道部开始进行建立现代企业制度的试点工作，在运输、工业、施工系统中选择了广州铁路（集团）公司、广深铁路总公司、南宁铁路分局、福州铁路分局、大秦线、大连铁路分局、第二工程局、第十二工程局、齐齐哈尔车辆厂、机车车辆总公司、中国土木工程公司等 11 家企业进行现代企业制度试点。1995 年年底，大连铁路分局作为国家百家试点企业之一，改组为大连铁道有限责任公司。1996 年 5 月，广深铁路总公司改组为广深铁路股份有限公司，并在国际市场发行股票，获得成功，筹集资金 42 亿元。在建立法人治理结构、调整资产结构、加强内部管理、强化市场营销等方面进行了探索和实践。同时，完成了铁路局和铁路分局的法人注册，试图以此确立两者的市场主体和法人实体地位。

　　通过建立现代企业制度的试点，使铁路企业的改革从放权让利向制度创新方面迈出了第一步，在一定程度上促进了铁路运输业的政企分开，使铁路运输企业的产权更加清晰，权责得以明确，有效地促进了铁路运输企业决策的科学化、民主化，为铁路运输企业盘活存量资产、吸引增量资金创造了条件，在一定程度上保证了国有资产的保值增值。

　　但在试点过程中铁路运输管理体制的深层次矛盾不断暴露，突出的矛盾仍然是政企不分：一是股权代表实质上履行行政责任而非财产责任，行政干预依旧；二是铁道部与路局、路局与分局的财产边界模糊，企业激励约束机制并没有真正建立起来。

　　3．第三阶段（2000 年前后—2012 年）

　　2000 年前后，我国铁路进行了第三次改革，开始探索新的经营管理体制。基于企业财产边界不清、管理机构重叠的现实，铁道部决定实行资产经营责任制，以此作为过渡形式，并开展旨在打破政企合一、行业垄断的铁路经营管理体制的改革方案研究，最终在我国铁路改革历程中首次提出"网运分离"的改革方案，期望达成如下四个目标：（1）将政府功能和企业管理分离；（2）在铁路部门内部形成竞争；（3）给市场导向的投资提供有效的激励；（4）建立健全、统一、公正、高效的管制制度。

1997 年，铁道部对广州铁路（集团）公司率先实行了资产经营责任制。1998 年，对铁道部所属的工业、工程、建筑、物资和通信信号 5 大总公司实行了资产经营责任制，同时，对 4 个直管站段的铁路局，即南昌、呼和浩特、昆明和柳州铁路局，展开了资产经营责任制的试点工作，在此基础上，重点研究了铁路运输企业法人财产权利，以及如何加强铁道部对国有资产的监督管理等问题，制定并印发了《铁路局资产经营责任制实施办法》。1999 年，全路 14 个铁路局全面实行资产经营责任制，其目的是在公司制度难以到位的前提下，建立起出资人代表与受托人之间的资产关系，明确各方的权利和义务。铁道部作为出资人，授予铁路局资产经营权，对铁路局明确了 12 项权利；铁路局对出资人授予的资产，享有占有、使用、处分和依法取得收益的权利。通过实行资产经营责任制，充分调动了铁路企业的积极性，落实了国有资产保值增值的责任，为 1999 年铁路全行业扭亏为盈的实现打下了良好的基础，同时也促使铁道部政府职能的转变，使铁道部在从微观管理向宏观管理、从对生产经营的具体管理向对国有资产的管理和监督的转变中向前迈进了一步，在一定程度上理顺了政企关系。

本次改革方案旨在打破垄断、引入竞争，是我国铁路改革的一次重要实践。但是，在铁路发展严重不足、难以满足经济与社会发展水平的条件下，原铁道部开展的"网运分离"试点对铁路改革带来了负面影响。"资产经营责任制"实施以后，由于路局经营与铁道部调度的不协调，各铁路局亏损没有好转，反而愈发严重。而且这一过程中成立的客运公司加剧了各路局潜伏多年的内部矛盾，引发了内耗和争斗。所以，面对高速铁路规划建设和运能紧张的客观现实，国家不得不对铁路改革持以小心谨慎的态度，坚持发展优先的原则，这也导致了此次"网运分离"尝试被迫中断。

2005 年 3 月，铁道部正式对外宣布改革方案：撤销铁路分局，减少管理层次，由原来的铁道部—铁路局—铁路分局—站段四级管理体制，改为铁道部—铁路局—站段三级管理模式。总体改革方案是：撤销所有铁路分局，同时根据我国铁路网布局和客流货流集散的实际情况，从优化运力资源配置，提高运输效率出发，新成立太原、西安、武汉 3 个铁路局，加上已有的 15 个铁路局（公司），全国铁路共设立 18 个铁路局（公司），所有铁路局（公司）实行直接管理站段的体制。铁路局和分局两级法人，以同一方式经营同一资产，管理重叠、职能交叉、相互掣肘、效率不高，这些对铁路的发展形成了严重制约。特别是随着技术装备水平的提高、运输生产力布局的调整，铁路局和分局两级法人的弊端越来越突出。

2005 年撤销铁路分局带来五大好处：一是有利于提高运输效率：铁路局和分局两级法人在运输组织指挥和经营管理等方面职能重复，限制了运力资源使用效率的提高；撤销分局之后，由铁路局直接管理站段，减少了运力配置的中间层次，有利于优化运输组织，提高管理效能，提高运输效率；二是有利于发挥新技术装备的作用：通过撤销铁路分局，可以打破管理层次多、分局管理跨度小对新技术装备作用的限制，适应不断扩大运输能力的需要；三是有利于减少运营管理成本；四是有利于推进铁路管理体制创新；五是有利于安全管理的进一步加强。

但是，撤销分局至今已经 13 年有余，国家铁路仍然面临一系列深层次问题，特别是铁路投融资体制无法有效突破、铁路债务连年攀升，已突破 5 万亿。这一事实表明，尽管撤销分局意义重大，但"网运合一"的网运关系对解决铁路深层次问题的价值十分有限，我们不得不寻求新的解决方案。

4．第四阶段（2013 年—2016 年）

2013 年 3 月，根据国务院机构改革和职能转变方案，实行铁路政企分离。撤销中华人民共和国铁道部，组建国家铁路局，承担原铁道部拟定铁路发展规划和政策的行政职责，隶属于交通运输部；组建中国铁路总公司，承担铁道部的企业职责，负责铁路运输统一调度指挥，经营铁路客货运输业务，承担专运、特运任务，负责铁路建设，承担铁路安全生产主体责任等。

随着铁路建设的突飞猛进，客运增幅十分明显，但货运却不如人意，甚至可用"每况愈下"来形容。从 2013 年 6 月 15 日起，中国铁路总公司开展实施铁路货物运输组织改革，主要内容如下：

（1）改革货运受理方式。

通过简化受理方式，使广大客户能够以直接、方便、快捷的方式办理货物运输。主要包含两方面内容：一是受理手续大大简化。对客户取消货运计划申报、请求车、承认车等繁杂手续，全面放开受理。客户只要提出运输需求，铁路客服人员就会直接帮助客户办理完成货运手续，客户无须再联系其他部门和人员。二是受理渠道大为拓宽，客户可以选择多种方式联系发货。

（2）改革运输组织方式。

除了国家规定的有特殊运输限制的货物之外，铁路对各类货物敞开受理，随到随办。一是对大宗稳定货物，通过协议运输方式给予运力保障；二是对其他货物，敞开受理，随到随办。

（3）清理规范货运收费。

一是要明确货运收费的项目、标准和条件。所有收费必须严格执行国家的运价政策，坚持依法合规收费，而且所有收费必须明码标价，公开透明，经得起价格主管部门的检查，经得起社会和广大客户的监督；二是建立"一口价"收费机制，对与货运有关的收费，一口报价，一张货票核收，简单、明了、便捷。

（4）开展"门到门"全程物流服务。

为客户提供全套的"门到门"物流服务，统一组织全程运输，统一组织部门管理，一口报价，一次性收取，并提供高效快捷的信息服务。

2016 年 3 月，为贯彻落实中央关于推进供给侧结构性改革的部署要求，进一步对接市场需求，提高铁路有效供给，满足人民群众日益增长的客运服务需求，让广大人民群众更加安全、方便、温馨地出行，中国铁路总公司决定开展"铁路客运服务质量年"活动，主要内容如下：

（1）全面调整优化列车运行图。

拟于 2016 年 5 月中旬实施，在进一步发挥高铁优势，提高高铁覆盖率的同时，大量增开中小城市间、中西部及边远地区始发终到的普速列车，推出更多方便快捷的客运产品，进一步增加中小城市和中西部地区的铁路客运有效供给，便利沿线群众出行。

（2）改善餐饮服务及商品供应。

适应大众化、多样性的消费需求，进一步丰富站车餐饮品种，提供更多安全、质优、价廉的旅行食品；规范餐饮及商品进货、加工、存储、销售渠道，坚决堵住"三无"商品进站上车渠道，全力维护广大旅客消费权益。鼓励广大旅客对铁路站车销售的商品进行监督举报，对查实的举报问题，铁路部门对举报者给予奖励。规范站车商品经营人员的服务言行，严肃查处高声叫卖、夸大演示、虚假宣传等违规行为。

（3）维护良好站车秩序。

严厉打击囤票倒票、私自兜售商品、占车霸座等行为，严肃查处铁路工作人员私带无票人员进站上车等问题，为广大旅客营造良好的铁路旅行环境。

（4）整治站车卫生环境。

持续开展以厕所卫生为重点的站车基础卫生整治工作，动态保持站车服务各场所整洁有序。重点改善普速列车环境卫生条件，确保饮水供应、厕所保洁等基本服务顺利开展。大力倡导文明出行，与广大旅客共建共享文明旅行环境。

（5）完善服务设施。

加大站车服务设备设施投入力度，重点改善开水供应、厕所使用、卧具更换、空调效果等广大旅客感受最直接的服务硬件条件。依托12306 网站、手机 App、微信平台、自助售取检票等技术设备，不断提高铁路服务智能化、信息化水平。

（6）改善服务态度。

对全体客运服务人员进行系统培训，进一步建立健全考核激励机制，全面提高铁路客运服务人员的服务意识和服务技能。

5．第五阶段（2017 年至今）

2017 年年底，18 个铁路局改制为铁路局集团有限公司，总公司机关组织机构也进行了改革，内容包括撤销运输局及内设的综合部、营运部、调度部、机务部、车辆部、供电部、工务部、电务部和价格管理部，设置运输统筹监督局（总调度长室）、客运部、货运部、调度部、机辆部、工电部；撤销计划统计部，设置发展和改革部；撤销改革与法律部，设置企业管理和法律事务部；撤销科技管理部、信息化部，设置科技和信息化部（总工程师室）；撤销资本运营和开发部，设置经营开发部等。

铁总旗下的非运输企业也在加紧进行改革。中国铁路建设投资公司、中国铁路发展基金股份有限公司以及中国铁路财产自保有限公司已重组整合改制，于 2018 年 3 月正式成立中国铁路投资有限公司（简称"中国铁投"）。

此外，中铁总还制定了发展混合所有制经济的意见和新建铁路项目吸引社会投资暂行办法，并做了一些积极探索。2018 年 7 月 5 日，由中国铁路投资有限公司、浙江吉利控股集团与腾讯公司共同组建的国铁吉讯科技有限公司（下称国铁吉讯）正式揭牌成立，这标志着动车组 Wi-Fi 平台建设经营与中铁总混改步伐双双取得重要进展。

同时，中铁总仍在大力推进铁路运输供给侧结构性改革。坚持把提高供给质量作为主攻方向，推动铁路发展质量变革。着力提高运输产品质量，优化运输产品品类，加强品牌建设，客运方面重点创新开行跨线动车、夕发朝至卧铺列车、市郊快捷列车、旅游专列、扶贫慢火车等产品，满足人民多样化出行需求；货运方面重点开发国际班列、高铁快运、新型冷链、多式联运、集装箱和商品车运输等产品，满足货主现代化物流需求。着力提高服务质量。全面落实客货运输基本服务标准，积极推广电子支付、智能服务、个性服务、特色服务等服务方式，不断提升服务现代化水平。

通过上面对中国铁路的改革历程的简要描述，我们不难发现：

（1）2017 年之前铁路改革主要是从企业运行机制的层面入手，无论是 20 世纪 80 年代的"大包干"，还是 2000 年左右的"资产经营责任制"，都企图通过改变企业运行机制来解决铁路深层次的运行问题。尽管铁路在 20 世纪 90 年代曾进行过现代企业制度试点改革，在体制改革上进行了积极探索，但改革深度和广度都不够，改革缺乏总体设计，也没能继续下去。2013 年到 2016 年的货运改革，更是企业运行机制层面改革的实践，无法解决铁路体制弊端带来的经营问题。实践已经证明，上述改革作为阶段性的探索具有积极意义，但是还是难以从根本上深化铁路改革。

（2）2017年以后，18个铁路局改制为有限责任公司，铁路现代企业制度建设成为铁路改革的关键一招，标志着铁路改革开始从体制层面入手，铁路改革开始进入实质阶段。

1.2.3 我国铁路改革发展存在的主要问题

总体来看，中国铁路深层次体制矛盾并未完全触及。长期实行的"政企合一"体制和"大一统"经营模式还没有得到根本性的改变，铁路改革仍然表现出很大的局限性。笔者认为，铁路管理体制主要存在以下几点问题[2]：

1．政企未完全分开，自然垄断性严重

即政府应当承担的责任没有全部到位，企业应当享有的权利没有全部落实。铁路运输企业受到追求经济效益和承担政府责任的双重目标牵制，难以真正做到自主经营、自负盈亏。一方面，铁路运输企业要和其他经营性企业一样，以经济效益为中心，实现扭亏增盈的目标；另一方面，铁路运输企业又要承担那些收入低于成本的公益性运输所造成的亏损，承担不断增多的公益性新线投产后所造成的运营亏损。在这种算不清账，分不清责任，企业效益责任不能硬化，公益性负担不能量化的状况下，铁路运输企业自负盈亏的体制和机制很难建立起来并发挥应有的激励和约束作用。

2013年铁路进行改革，实行政企分开，成立中国铁路总公司和国家铁路局，但是中国铁路总公司尚未完全实现企业职责，不能完全自主定价，公益性的职责依然存在。

铁路运输的自然垄断性主要体现在路网基础设施，客、货运输业务具有明显的竞争性。由于中国铁路运输没有把这两种不同性质的业务区分开来，政府按照自然垄断产业规制铁路，既实行市场保护，又严格控制运价，抑制了客货运输的市场经营活力，限制了竞争机制的引入。而铁路运输企业借助于自然垄断地位的庇护，缺乏提高效率效

益和服务质量的内在动力，还往往引发以车、以票谋私等不正当经营行为的出现。铁路运输企业社企不分、事企不分的现象比较突出，与主营突出、精干高效的市场竞争主体尚有一定差距。

2．产权不清，权责不等

一方面，中国铁路总公司往往是从政府职能的角度来组织和实现运力资源配置的效率最大化，兼具有公益性与公平性的考虑，无法完全体现出运力配置市场化的原则，致使企业有相当大一部分客货运输业务无法自主决策，运力没有得到有效保障，影响了企业的正常经营。另一方面，主要运输工具如货车实行全路统一调配和运用，运价由中国铁路总公司进行管控，使铁路运输企业自主经营受到了较大的限制。

作为真正参与到市场，能够对市场变化有灵敏感知的铁路局（集团公司）无法自由地使用生产要素，进行自主生产决策，而拥有运输价格和运输资源支配权力的铁路总公司又离市场相对较远，不能对市场做出灵敏反应，该种运行机制极大地限制了整个铁路运输企业的高效灵活性。

3．收入清算机制抑制企业活力

在目前的收入和支出两条主线、铁路运输"大锅饭"的管理体制下，生产及市场对铁路运输的需求脱节、经营效率低下、企业缺乏收入、规模缩小、投入和产出意识薄弱，形成了市场竞争的障碍，导致铁路运输行业的持续亏损，也继续失去效力。近年来，铁路货运量持续下滑，虽然 2013 年进行铁路运输组织改革，但还是有下滑的趋势，大量的货源流向公路，导致铁路货运收益低，由于中国铁路总公司是具有公益性的公司，普遍客运线路存在亏损的现象。铁路总公司实施的现行收入清算机制导致多重负效应出现——运输企业不能从市场直接获取收入、企业无法确立独立核算机制、企业的经营绩效并非主要决定于自身经营状况而是决定于铁路总公司的清算方式和系数调节，这些导致了作为铁路运输企业主体的铁路局不具备真正意义上的自负盈亏机制，因而也缺乏内在的激励机制和足够的积极性。

4. 基础建设投资大，银行负债高

在建设上，铁路新建项目中的国土开发型公益性项目，难以通过市场机制筹资建设。对这类"市场失灵"的项目，应以政府为主投资建设，但目前这类公益性项目大多使用商业贷款的融资方式。我国铁路投融资既有模式是以银行贷款、债券发行等路径依赖性、低交易成本融资模式为主，但这种债务性融资模式利息负担较重，长此以往，势必拖累铁路运输企业。与此同时，一些具有营利能力的铁路建设项目也由政府包揽下来，铁路运输企业缺乏运用市场机制投资扩张的动力和压力，这种状况对建立铁路运输企业自主经营、自负盈亏机制造成了严重影响。

在上述4个问题中，问题1和问题4的症结在于铁路公益性与铁路经营性相互交织、相互抑制并时常错位。铁路的公益性要求政府必须较多地干涉铁路运输企业的经营，以保证铁路公益性功能的实现，也要求企业必须顾及铁路的公益性质，不能完全以营利为目标，如此一来，政企不能完全分开，铁路运输的垄断地位也不能动摇，而铁路运输企业的经营也长期受到多方面的抑制。

我们认为，铁路公益性与铁路经营性相互交织、相互抑制是铁路诸多问题的根源，但这两种性质并非不可分割。铁路在国民经济、国防安全中的重要地位要求国家必须拥有铁路的控制权，我们可以将这种控制体现在铁路路网等铁路基础设施上，从而将铁路的公益性划归于路网，使得铁路运输经营不再过多地受公益性的制约，可以充分地按照市场机制经营管理。简而言之，铁路公益性与铁路经营性的关系，实际上对应着铁路路网和铁路运输经营的关系。

我们在《铁路国家所有权政策研究》（该书属于铁路改革研究丛书）中提到：铁路路网领域极其容易发生市场失效，铁路路网领域的国有资本应发挥主要作用；而铁路运营领域不存在或者很少存在市场失效，市场可以自行实现资源配置，所以不需要国家过多地干预。

如果可以厘清铁路公益性与铁路经营性性的关系，即调整好铁路路网和铁路运输经营的关系，就可以解决铁路政企未完全分开的问题，并打破铁路运输经营的垄断，铁路负债和投融资的难题也可得到一定程度的解决。同时，由当前体制所产生的问题 2 和问题 3 也会迎刃而解。

综上，我们发现：由于铁路路网的公益性与运输经营的市场性相互交织、相互纠缠，不仅在一定程度上造成了铁路政企不分、产权不清，而且也阻碍了社会资本进入铁路，导致铁路投融资困难。因此，我们认为全面深化铁路改革的突破口在于铁路网运关系的调整。只有从铁路网运关系着手，厘清铁路路网的公益性与运输经营的市场性，才能破解体制难题。

1.3 我国铁路网运关系调整的影响因素

1.3.1 我国铁路网运关系调整的外因

1．国家对垄断行业改革的政策导向

从根本上说，我国垄断行业低效率问题的根源是管理体制问题，这表现为：由于长期以来对垄断企业缺乏激励约束机制，致使垄断企业生产效率低下，缺乏国际竞争力；政府按照实际成本制定垄断行业价格，缺乏促使企业努力降低成本，提高生产效率的激励性价格形成机制，造成部分垄断行业的成本价格居高不下；一些垄断行业运用其垄断力量获得高额垄断利润。要从根本上解决上述这些低效率问题，必须深化垄断行业改革，以促进竞争和民营化为主要内容，提高垄断行业的生产效率；特别要处理好效率与公平的关系，使垄断行业的广大消费者都能享受到因改革和科学技术发展带来的成果，不断扩大垄断行业普遍服务的覆盖范围，提高普遍服务的水平，提高社会分配效率。

2013 年 11 月，中共十八届三中全会通过的《中共中央关于全面深化改革若干重大问题的决定》提出，要准确界定不同国有企业的功能。国有资本加大对公益性企业的投入，在提供公共服务方面做出更大贡献。国有资本继续控股经营的自然垄断行业，实行以政企分开、政资分开、特许经营、政府监管为主要内容的改革，根据不同行业特点实行网运分开、放开竞争性业务，推进公共资源配置市场化。进一步破除各种形式的行政垄断；凡是能由市场形成价格的都交给市场，

政府不进行不当干预。推进水、石油、天然气、电力、交通、电信等领域的价格改革，放开竞争性环节价格。政府定价范围主要限定在重要公用事业、公益性服务、网络型自然垄断环节中，提高透明度，接受社会监督。

2014 年 4 月颁发的《关于 2014 年深化经济体制改革重点任务的意见》要求，深化国有企业改革，深入研究和准确定位国有企业的功能性质，区分提供公益性产品或服务、自然垄断环节、一般竞争性行业等类型，完善国有企业分类考核办法，推动国有经济战略性调整，增强国有经济的市场活力和国际竞争力。以管资本为主加强国有资产监管，推进国有资本投资运营公司试点。遵循市场经济规律和技术经济规律，有序推进电信、电力、石油、天然气等行业的改革工作。放开包括自然垄断行业竞争性业务在内的所有竞争性领域，为民间资本提供大显身手的舞台。

2015 年 3 月出台的《中共中央、国务院关于深化体制机制改革加快实施创新驱动发展战略的若干意见》指出，加快推进垄断性行业改革，放开自然垄断行业竞争业务，建立鼓励创新的统一透明、有序规范的市场环境。

同月，还出台了《中共中央、国务院关于进一步深化电力体制改革的若干意见》，率先在电力领域明确了进一步深化电力体制改革的总体思路和重点任务，即解决制约电力行业科学发展的突出矛盾和深层次问题，促进电力行业又好又快地发展，推动结构转型和产业升级。

2015 年 8 月，《中共中央、国务院关于深化国有企业改革的指导意见》再次明确指出，对自然垄断行业，实行以政企分开、政资分开、特许经营、政府监管为主要内容的改革，根据不同行业特点实行网运分开、放开竞争性业务，促进公共资源配置市场化；对需要实行国有全资的企业，也要积极引入其他国有资本实行股权多元化；对特殊业务和竞争性业务实行业务板块有效分离，独立运作、独立核算。

2015 年底召开的中央经济工作会议，强调要着力推进供给侧结构性改革，其中的关键是推进体制机制改革。当前，行业准入限制阻碍了生产要素在行业间和行业内的自由流动；"玻璃门""弹簧门""旋转门"增大了民营企业进入障碍；金融市场不完善，降低了资金配置效率；市场诚信体系不健全、消费者权益得不到充分保护，致使消费者"用脚投票"，转向境外消费市场；知识产权保护不力，抑制了企业技术创新潜力的释放。推进供给侧结构性改革，可以打通要素流动和再配置的通道，使生产要素从无效需求流向有效需求领域、从低端领域流向中高端领域，进而提高要素配置效率。

2．市场份额及客户关系方面的因素

因为运输和运输市场的快速发展，其他模式竞争激烈，整个行业的铁路货运周转量的比重由 1978 年的 54.4% 下降至 2000 年的不足 30%，根据交通运输部的统计数据，2017 年铁路货运周转量约占交通货运周转量 14%[①]，铁路运输的社会和经济效益在下降。

铁路运输相比于公路运输，最大的不足之处在于"灵活性"。铁路运输在"站到站"之间具有速度快、运量大的优势，却一直受制于"站到门"的短板。这种情况下，铁路运输的延伸服务就显得尤为重要。铁路货物运输延伸服务是指铁路货物运输延伸服务经营者受托运人或收货人委托，在货物承运前、交付后，为托运人、收货人提供代办货物接取送达、仓储保管、包装整理及代办货物运输有关手续等服务。"铁路运输延伸服务"是由铁路多元经营企业提供的，这也是铁路运输企业的客户关系所必须依靠的。但是，事实上"铁路运输延伸服务"却仿佛是运输主业"衍生"出来的产品，定位不正确，导致其无法彰显出其在物质流通领域中代理铁路、货运的中流砥柱作用。

正是因为铁路多元经营企业没有认识到参与到运输主业供应链管理一体化这一过程中来的重要作用，直接导致无法对客户（厂、商）产品的原料等的优化运输方案、采购、库存及产品的销售等这些流通环节无法提供同步化的服务，无法最大限度地利用铁路网络资源，在对货物流向的研究上不认真，战略联合相互间有较大流量的车站间的服务工作做得不够。只偏重于企业内部管理方面的信息技术的驾驭情况，没有构成具有高速、大容量特征的开放式电子化商务系统，并且应对客户的需求信息时总是比较迟缓，无法达到与客户高质量、小批

---

① 2017 年交通运输货运周转量 192 588.50 亿吨千米，其中铁路货运周转量 26 962.20 亿吨千米。

量、低价格、多品种、准时化的生产和营销策略进行同步运作，且与公路、海运、空运等其他运输方式的合作较少，无法充分优化其他运输方式的资源。

1.3.2 我国铁路网运关系调整的内因

随着社会主义市场经济体制的逐步建立，铁路经营管理体制中的问题日益增加。网运关系与社会发展的不符直接导致铁路系统内部机构臃肿、产权划分不清、职能划分不清、权责不对等、不便于根据市场需求来合理分配市场资源，并衍生了致使铁路投融资体制、公益性补偿、中长期债务问题等方面的诸多障碍。铁路作为一种网络型、超大型自然垄断企业，究竟如何处理路网与运营之间的关系，已经成为全面深化铁路改革实践层面的首要关键问题。

1. 运输生产效率

由于疆域辽阔、区域发展与资源分布不均衡，我国铁路运输主要是跨区域的"直通运输"，原铁道部对所属各铁路局以分界口为边界设计了一套严格的清算体系，并对其日常运营情况进行了严格考核。出于对自身利益的考虑，各铁路局经常纠缠于本局某些具体的技术经济指标，从而影响了整个铁路网络的运输效率。

从 1980 年至 1996 年的 16 年间，铁路旅客周转量占比在下降，从 60.5% 到 36.3%，下降了 24 个百分点；全社会的货运份额从 47.5% 下降至 35.4%，同比下降 12%，并呈现出持续下降的趋势。当然，其他运输方式的快速发展也是使铁路运输在市场竞争中处于被动地位的原因。自 1994 年以来，铁路运输行业各领域都存在亏损的现象。

2005 年 5 月我国撤销了所有铁路分局，在货物平均运距基本保持不变的情况下，货车周转时间明显缩短（见图 1-1，数据由参考文献[3]整理所得）。可见，减少分界口数量使 18 点现在车统计对铁路畅通的影响大大减小，从而提升了路网的整体性，对提高铁路运输效率具有明显的推进作用。然而，在 2005 年全国铁路撤销铁路分局之后，全国铁路网仍然存在数十个局间分界口，原铁道部以及 2013 年 3 月成立的中国铁路总公司对于所辖各个铁路局仍然沿用了以前的考核与清算机制，各个局间分界口仍然成为制约路网发挥整体效率的关键因素之一。

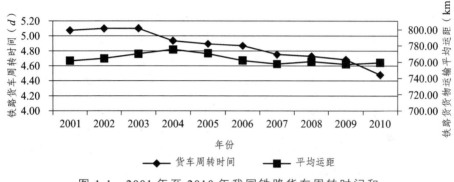

图 1-1　2001 年至 2010 年我国铁路货车周转时间和
货物运输平均运距变化趋势图

2．成本收益核算

进行独立的成本收益核算是企业进行市场化经营一个最基本的条件。国外铁路在这方面似乎从来就不存在问题。中国铁路长期以来一直实行全路统收统分的财务管理体制，"大一统"状况十分明显，企业很难实行独立完整的成本核算。不仅如此，中国铁路实行的是全国统一运价，然而不同地区不同的经济地理特征决定了处于不同区域的运输企业在运输成本上存在较大差异。运价的统一和成本的差异造成不同运输企业收益上的不均。"大一统"的经营管理模式与各运输企业在经营条件上的巨大差异，使得运输企业在成本收益核算中各种矛盾相互交织，成为铁路经营管理中一道难题，一直无法解决。虽然铁路总公司（包括原铁道部）在运输收入分配办法方面进行了多次调整和改革，但始终不能解决全路统一运价与不同地区成本差异的矛盾，也难以摆脱"计划成本""清算收入"大锅饭的影响。在这种成本收益核算体制下，极易导致寻租、浪费现象的存在和蔓延。

长期以来，理论界一直在呼吁打破铁路运价的全国"一统"制，建立区域运价或分线运价体制，使运输成本相对较高的企业通过市场以及自身调节获得合理的利润。然而，运输成本高的地区往往是经济欠发达地区，旅客和货主对运价的承受能力较低，涨价将影响他们的利益，甚至影响这一地区的社会经济的发展。如果能够通过改革和外部手段对不同运输企业在上述方面的差异进行调节，如关闭非营利线路或者由政府对非营利运输进行补贴等，那么，上述问题也许能够得到解决。然而，经济欠发达地区的铁路往往是"政治性""公益性"很强的铁路，能被关闭的是极少数，政府补贴又受到政府财力和对"公益性"运输界定的影响，所以上述问题在原有制度框架内难以得到解决[4]。

3. 市场主体意识

统一收取和支付财务、统一购买和提供物品、统一管理价格、统一安排劳务分配，各铁路局（集团公司）作为运输企业，却仅仅只是相当于铁路总公司下属的生产机构，而不是真正地以市场为导向，难以实现自主经营和自负盈亏。

在目前整个铁路系统的"投资—建设—运营"模式下，社会资本因为自身资本规模较小等因素难以参与铁路建设与运营领域，因而仅有铁路总公司下辖的 18 个铁路局及 3 个专业公司具有承运人资格，铁路运输领域内部几乎没有充分的竞争机制。这不符合市场经济的本质要求和客观规律。

在铁路总公司、铁路局（集团公司）、基层站段构成的三级管理体制下，列车运营根据区域交由不同的路局管辖，即使存在很微弱的竞争，也很难体现出竞争对企业效益及行业本身的促进和助推作用，反而逐渐表现出垄断企业人浮于事、效益低下、吃大锅饭、缺积极性等诸多弊端。路网由此成为运输服务的制约因素之一，可能会加剧内部的恶性竞争，阻碍公平竞争，影响行业发展，这也是目前我国铁路运输市场竞争力不断下降的原因之一。

4. 社会资本投资

目前，铁路投资渠道单一，而广大社会资本想进入铁路也面临窘境。有人曾这样做比喻：尽管有很多运动员想进场比赛，而整个赛场已被裁判员操控，再优秀的运动员进场参与比赛都很难取得好成绩；

尽管有一片非常茂盛的森林，再强壮再凶猛的海生动物也无福消受森林里丰富的物产。

2013 年 5 月 6 日召开的国务院常务会议在部署 2013 年深化经济体制改革重点工作时确定的一项重要举措为"形成铁路投融资体制改革方案，支线铁路、城际铁路、资源开发性铁路所有权、经营权率先向社会资本开放，引导社会资本投资既有干线铁路"。此前，我国高层已就铁路投融资体制改革进行了多次类似的顶层设计，但是效果甚微。为何社会资本进入铁路领域一直没有实质性进展？究其原因如下：

一方面，由于铁路建设是一个资金密集型、回报周期长的行业，社会资本没有预期的投资回报"不愿进"，对小规模的社会资本更是"无法进"。我国社会资本一般具有主体分散、规模较小的特点，动辄耗资百亿、千亿的铁路建设领域对规模在十亿及以下的众多社会资本来说是难以进入的，只能望而却步。

另一方面，铁路目前的经营管理体制造成不公平竞争的可能性较大。中铁总与各铁路局集团公司既是路网拥有者，掌控被分割的路网，又是运输经营者，参与铁路客货运输。如果再有其他非铁路局体制内的运输企业参与运输市场竞争，由于他们没有路网的使用权，竞争会处于非常不利的地位。这就好似运动场上的"裁判员"也是"运动员"一样，有明显的不公平竞争存在。

1.4　研究内容与技术路线

本书在全面深化改革的背景下，回顾网络型垄断企业改革的全球实践，特别是在总结我国铁路经历的数次重大改革和我国具有自然垄断性质的大型国有企业改革的基础上，结合当前我国国情路情等实际情况，充分运用中共十八届三中全会提出或再次强调的"混合所有制""现代产权制度""现代企业制度"等一系列重要论断，结合我国当前的国情路情，分析我国铁路采用基于统分结合的网运分离经营管理体制的必要性，并对其实施路径、保障机制、管理机制等方面做初步分析，从而为我国全面深化铁路改革提供参考，研究路线如图 1-2 所示。

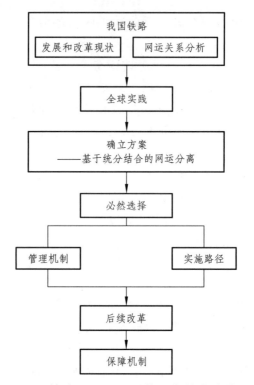

图 1-2 铁路网运关系调整研究技术路线图

1.5 本章小结

本章的主要工作为：

（1）从全面深化改革、国有企业改革、铁路改革、铁路网运关系四个维度分析了本书的研究背景及研究意义。

（2）总结回顾了我国铁路发展现状及已经历的五个代表性改革阶段，并提出铁路深化改革的突破口在于网运关系的调整。

（3）针对我国铁路路情分析网运关系调整的内因和外因。

（4）提出全书的研究内容与技术路线。

本章的主要观点为：

（1）网运关系是经营管理体制的重要组成部分，直接决定经营管理体制能否适应市场需求、是否符合发展趋势。我国铁路作为一个网络型、超大型的自然垄断行业，如何处理路网与运营之间的关系，已经成为全面深化铁路改革实践层面的首要问题和关键问题。

（2）我国铁路现行的经营管理体制是在满足公共利益的前提下，将路网等基础设施和客货运输作为同一管理系统的不同部分，形成弱竞争，改变运输业务垄断性质的特点。随着社会主义市场经济体制逐步建立，铁路经营管理体制中的问题日益增加。网运合一、高度融合的网运关系直接导致铁路系统内部产权划分不清、职能划分不清、权责不对等，不便于根据市场需求来合理分配市场资源，铁路投融资体制、公益性补偿、中长期债务等深层次问题亟待通过网运关系调整予以解决。

第 2 章　铁路网运关系分析

....

铁路路网与铁路运输之间的关系是铁路经营管理体制的重要组成部分，本章主要从理论上分析"网运合一"与"网运分离"两种网运关系，并对不同网运关系模式下的改革方案进行剖析比较。

2.1　铁路网运关系及其两种主要形态

2.1.1　铁路网运关系

所谓"网运关系"是指形成网络的基础设施的所有权与其经营使用权的关系。网运关系是一种普遍存在的关系，例如高速公路网，所有汽车不必拥有高速公路的所有权，只需缴纳一定费用，就可以使用高速公路，高速公路的拥有者和利用高速公路进行运输活动的经营者是分离的，高速公路的网运关系是一种分离的关系；又比如我国的通信铁塔等设施，在成立中国铁塔公司之前，各个电信运营商拥有自己的通信塔，但只能自己运营使用，这个时候的"网"与"运"就是统一的，后来成立了中国铁塔公司，收购了各个运营商的通信铁塔设施，运营商向中国铁塔公司支付费用，就可以使用铁塔设施，这个时候的铁塔所有者与经营使用者就分离开来了，"网"与"运"是一种分离的关系。

所谓"铁路网运关系"，是指铁路线路等基础设施的所有权与其经营使用权的关系。铁路不同于公路，铁路的线路特点决定了其独特的行车组织方式——统一调度。又因为铁路在国民经济中的重要地位，其所有权和经营使用权往往都归国家所有。在铁路网络上进行的运输经营服务能不能与铁路所有权分离，充分向社会开放，是一个需要多方面考量的问题。全球各个国家形成了各具特点的铁路网运关系，主要归纳总结为"网运合一"与"网运分离"两种。

2.1.2　"网运合一"及其特点

我国铁路现行的经营管理体制主体上采用"网运合一"模式，即由铁路总公司及其下辖铁路局（集团公司）对铁路路网的建设维护与日常的运输组织工作（含行车组织、客运组织、货运组织）实行一体化的经营管理结构。在收入分配体制上实行"管内归己、直通清算"，即发到站属同一路局且列车运行不经过其他路局的收入归铁路局支配，其余如发到站不属同一路局、列车运行过程中需经过其他路局的收入上缴铁路总公司统一清算。除了我国这种整体网运合一的方式，还有多个区域网运合一模式。该模式多采用横切为"多区域公司"的模式实现竞争，即在一个国家范围内组建多个区域性公司，每个区域公司内部采取网运合一的模式，公司之间相互开放路网。

"网运合一"的经营管理模式在降低网运之间交易费用方面具有优势，相关参考文献[5]认为，这是因为将外部的市场交易关系转变成为企业内部的结算关系。如果有多个区域性的"网运合一"公司存在，这些公司之间的竞争可以产生积极效应，尽管这种竞争更多地表现为地域间的间接竞争[5]。

与这一优点直接相对应的是其缺点：如果不存在足够的外部竞争，在"网运合一"公司的"领地"内可能出现较强的铁路运输的垄断。"网运合一"公司更明显的缺陷是对外的封闭性，具体地说，就是"通路权"问题，这类公司不向其他运输公司开放其拥有的路网基础，或者在开放时会伴随诸多麻烦，以致另一类交易费用的产生[5]。

2.1.3　网运分离及其特点

1．网运分离的定义

"网运分离"[6]一词最早来源于欧盟 91/440 号决议（1991 年），欧盟各国普遍采用"网运分离"模式。这种模式的特点是将铁路基础设施管理与运输经营分开，由路网统一负责管理和经营，并向上部客货运营公司开放，运营公司向路网公司支付线路使用费，运营公司间开展竞争。

从技术经济特性角度分析，欧盟铁路线路能力普遍过剩，运量密度小，"网""运"之间基本呈弱联系；路网早已形成，且质量基本良好，没有较大的新线建设和既有线改造计划；置身于较为完善的市场、规制体制之下，协调线路基础设施和铁路运营之间以及铁路运营者之间的问题，所需的交易成本较小；经过多年的改革，分业分区核算的财务体制比较健全，对市场和成本信息掌握得比较充分，且事先做好了技术和经济财务安排。这些特点有利于欧盟实行"网运分离"。

铁道部曾指出："所谓'网运分离'，是把具有自然垄断性的国家铁路路网基础设施与具有竞争性的铁路客货运输分离开，组建国家铁路路网公司及若干个客运公司和货运公司，实行分类管理。国家铁路路网公司是一个特殊的企业法人，由国务院出资设立。客运公司和货运公司按现代企业制度的要求组建，从事铁路客、货运输经营业务，按市场规则运作，平等参与运输市场竞争。路网公司、客运公司和货运公司之间建立市场交易关系。路网公司的收入来自使用国家铁路网的客、货运公司支付的线路使用费，支出主要用于路网基础设施的更新与维修，因公益性线路运量不足造成的亏损，由政府给予政策性补贴。路网公司收取线路使用费的标准由政府铁路主管部门核准。客、货运公司根据本公司开行的客车及承运的货物，直接从市场取得运输收入，并向路网公司和提供生产协作及服务的单位支付相应费用。"

"网运分离"方案之所以有这么大的吸引力，主要是因为这种结构分离能减轻或缓解放松规制、引入竞争后让政府规制面临的一些难题，这些难题直接与自然垄断产业的成本特征有关。在自然垄断产业中经营各种非自然垄断业务之前必须首先建好提供服务所需要的基础设施或基础网络，比如铁路线路和车站。由于这些资产多为沉淀成本，还存在规模收益等其他自然垄断特征，这些特征决定了在这些环节中很难引入竞争。另一方面，在基础网络上提供的各种服务是可竞争的。为了提供铁路服务，需要列车、乘运人员、支撑服务以及通路权等，尽管在雇佣乘运人员，购买和租用牵引机车时也会有一些沉淀成本，但与建设铁路线路等基础设施的沉淀性投资相比无疑是很小的。这种分离以后，就可以在自然垄断产业服务市场上产生激烈的竞争。此时每个运营商拥有对基本网络平等的使用权，原则上不需要再对运营市场内的企业进行规制，竞争将提供充分的市场激励，使运营商以效率为目标，并满足客户提出的要求。

　　"网运分离"改变了整个铁路运营系统"收支两条线"，全路一口"大锅饭"，铁路局企业缺位的局面，使客货公司成为自主经营、自负盈亏的市场实体。相关文献[6]通过用图 2-1、图 2-2 来对比说明"网运分离"的含义。

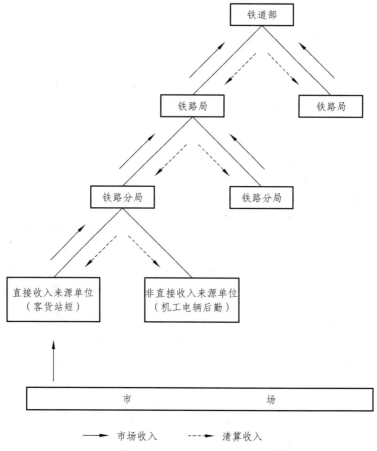

图 2-1　2002 年铁路收支示意图[6]

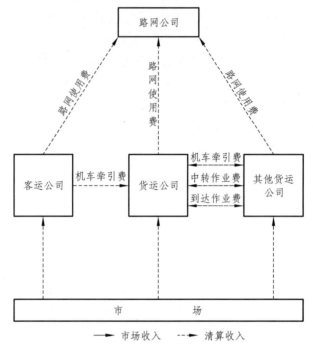

图 2-2 "网运分离"后的收支示意图

2. 网运分离类型分析

由于铁路改革中企业的边界划分不同，派生出了不同类型的"网运分离"。

（1）"网运有限分离"和"纵向分离，横向一体化"是典型的两种过渡模式。

① "网运有限分离"模式：主要包括"网客合一、货运分离"（如日本[①]）和"网货合一、客运分离"（如美国），即在一体化的铁路公司存在的基础上，引入一个或若干独立的运营企业，与一体化公司的运营业务进行竞争。竞争包括同类运输服务之间的一级客运竞争与货运对路网使用权的竞争。这种模式出现在日本、美国铁路重组以及我

---

① 日本采用"网客合一、货运分离"+"路网区域分割"模式，以 6 家网运合一的客运公司以及一家无路网的货运公司为主。这个观点与国内大多数学者的观点存在明显不同。

国铁路的试点改革中。

②"纵向分离，横向一体化"模式：路网部分和运营部分分离，路网由一家线路公司独家经营，同时存在一家客货合一的铁路运输公司。由于线路公司和运输公司的固定资本是完全互补的关系，这种分离模式会影响当事人事后讨价还价的地位，并未能提供足够的市场激励。因此，在铁路改革过程中，通常将其作为一种过渡形式。瑞典、德国、法国等国采取了这种模式。

（2）专业化的"网运分离"模式："纵向分离，横向竞争"，即将路网与运营分离开来，路网由一家公司统一经营，客货运输由多家公司相互竞争。目前英国即采用该种模式。英国于 2002 年成立路网公司，该公司是无股东、不分红、不以营利为目的的担保责任有限公司，其全部利润用于路网再投资；在旅客运输方面，按地域划分客运特许经营区，通过公开招标的形式出售给客运公司；货运业务按照专业性被分割为 6 家公司，分别是英国邮件铁路快运公司（Rail Express System）、铁路装运有限公司（Loadhaul）、干线货运有限公司（Mainline Freight）、跨铁路货运有限公司（Transrail Freight）、铁路货运公司（Railfreight Distribution）和集装箱运输公司（Freightliner）[7]。英国客货运输的竞争方式只是"横向竞争"中的一种实践，客货竞争还可采取其他形式。

（3）最彻底的"网运分离"模式：即"网络分割，纵向分离"模式。该模式是分割最为彻底的铁路组织模式，它是将铁路路网横向分割成若干线路公司，同时将运营部分也拆分为若干运营公司的模式。这种模式会产生巨大的交易成本，在现实中尚未被任何一个国家采用。

2.1.4　我国铁路网运关系现状简析

我国铁路线路共分为三类：国家铁路、地方铁路、国家与地方合资铁路。国家铁路原由国务院下属机构铁道部负责经营管理，后根据十二届全国人大一次会议批准的《国务院机构改革和职能转变方案》，实行铁路政企分开，撤销铁道部，组建中国铁路总公司，由中国铁路总公司负责经营管理国家铁路。2013 年 3 月 14 日，中国铁路总公司正式成立。

我国网运关系现状可概括为"1+18+3+N"：

（1）"1"：中国铁路总公司依据《中华人民共和国全民所有制工业企业法》设立，由中央管理的国有独资企业，注册资金10 360亿元，机关设置20个内设机构。

（2）"18"：中国铁路总公司下设北京铁路局、沈阳铁路局、上海铁路局、南昌铁路局、成都铁路局、郑州铁路局、武汉铁路局、西安铁路局、太原铁路局、济南铁路局、南宁铁路局、昆明铁路局、兰州铁路局、哈尔滨铁路局、呼和浩特铁路局、乌鲁木齐铁路局、广铁集团、青藏铁路公司等18个铁路局（公司）。

（3）"3"：2003年12月，原铁道部成立中铁特货、中铁集装箱2家专业运输公司，在2013年铁路政企分开之后，这两家公司加上1997年成立的中铁快运共3家专业运输公司划归铁总管理。

（4）"N"：除了18家铁路局以及3家专业运输公司以外，还有京沪高速铁路股份有限公司、广深铁路股份有限公司、大秦铁路股份有限公司、广西沿海铁路股份有限公司等若干合资公司（其中广深铁路股份有限公司、大秦铁路股份有限公司为上市公司）。

综上所述，我国当前铁路总体格局为"1+18+3+N"，即1个铁路总公司+18个铁路局或集团公司（已于2017年11月全部改制为集团有限公司）+3个专业运输公司+若干个合资公司的基本格局。

2.2 "网运合一"改革方案及其特点

在铁路改革各种可能的方案中，有许多改革的意见是在"网运合一"的基础上，将现有的路网格局进行重组规划，或从一个总公司分化为多个铁路公司，或在一个总公司的基础上进行内部铁路局重组。下面将对此类改革方案做进一步的梳理。

2.2.1 区域重组传言："1+8+3+N"

在国家进一步深化铁路改革的具体方案正式公布之前，网络上一度流传着关于18个铁路局的重组改革方案（见专栏2-1）。

【专栏 2-1】　网传 18 个铁路局重组方案

为了适应高铁的特点和铁路的发展，高铁要求最佳管理距离为1 000 km 左右，所以改革掉距离过近的铁路局，减少全国铁路网管理层，据此撤销济南铁路局、哈尔滨铁路局、呼和浩特铁路局等 10 个铁路局，剩下的 8 个局（公司）组建铁路运输集团（仍由铁路总公司管辖），管辖范围如下：

北京铁路集团：辖京、津、河北、山东、京广线郑州（含，包括附近地区）以北以东（陇海线郑州以东至河南省界）、山西、内蒙古锡林浩特以西部分。

沈阳铁路集团：辖东北三省、内蒙古锡林浩特以东。

广州铁路集团：辖广东、海南、广西、福建。

武汉铁路集团：辖湖北、湖南、江西、京广线郑州（不含，许昌以南）以南、宁西线南阳以东部分。

上海铁路集团：辖上海、江苏、浙江、安徽。

西安铁路集团：辖陕、甘、宁夏、新疆和陇海、宁西线郑州（不含，荥阳以西）、南阳以西部分。

成都铁路集团：辖川、渝、云南、贵州。

青藏铁路集团：辖青海、西藏。

此种改革方案没有确凿的依据，出处也无可查证（只能在互联网上找到部分网页），但究其改革思路，是在保持原有体制的基础上，进行总公司下属铁路局的合并重组，并对铁路局进行公司制改制，其本质依然是"网运合一"，高度垄断，只是将 18 个铁路局变为了 8 个铁路集团，扩大了局管范围。

2.2.2　区域分割方案："$N+N$"

网运关系现状与区域重组方案中，一个显著的特点是坚持全国铁路"一张网"，但是在 2000 年前后，曾有观点认为在"网运合一"体制下可将铁路网进一步分割，并以此为基础提出了基于路网分割的铁路改革方案，区域分割是其方案的重要特征。

目前，"区域分割"的提出者以北京交通大学赵坚教授[8，9]为典型代表。赵坚教授认为，我国铁路重组应当在打破垄断、重塑铁路运输企业、引入竞争、提高运输效率、吸引民间资本、加快铁路发展等方面取得实质性进展。

赵坚教授建议将现有的 18 个铁路局（公司）进行区域分割，重组为三大区域铁路公司，即北方、中部和南方铁路公司：（1）北方铁路公司包括北京、太原、沈阳、哈尔滨、呼和浩特等 5 个铁路局（集团公司）；（2）中部铁路公司包括上海、郑州、西安、武汉、兰州、乌鲁木齐铁路局、青藏公司等 7 个铁路局（集团公司）；（3）南方铁路公司中包括广铁集团、成都、南昌、昆明、南宁等 5 个铁路局（集团公司）。

赵坚教授建议在三大区域铁路公司之上不设统一调度指挥机构，三大区域铁路公司之间是独立的。三大区域铁路公司各自在其管内实行统一调度指挥，具有投资决策财产处置的权利，具有完全的市场主体地位，在三大区域铁路公司之间可以形成比较竞争。

赵坚教授还建议，三大区域铁路公司成立以后还要对其所属的铁路局进行重组，要以主通道为基础组建分公司（或子公司），每个分公司管理一条相应的主通道及与其有紧密联系的支线，每个区域铁路公司将组建 15 个左右的铁路分公司，铁路分公司根据区域公司赋予的部分调度指挥职能，组织管内货流车流，负责相应通道的部分调度指挥工作。以主通道为基础组建分公司，可以形成区域公司内的相邻主通道的平行线竞争。

2.2.3 方案评价

1. 区域重组方案

"1+8"的路局重组方案没有改变当前铁路总体呈现的路网与运营垄断的性质，没有触及体制核心，只是现有体制管理范围的改变，无法突破体制的限制，对激发铁路运营市场的活力、解决铁路投融资"玻璃门"障碍等问题没有实质性的进展。

2．"区域分割"方案

在提高运输效率方面，"区域分割"方案将一个庞大的铁路公司以地域以及路网主通道为依据分为三个较为庞大的铁路公司，表面上看，原来的 18 个铁路局变为了三个区域分公司，分界口数量由原来的 67 个变为 22 个，分界口的减少优化了车流和货流组织，极大地提高运营效率，但在区域公司内部，诸多分公司的存在，其情况类似于中国铁路总公司有 18 个铁路局，对于跨分公司运行的车流和货流来说，其运行组织以及相关清算机制同样限制了运营效率，所以该方案在提高运营效率方面的价值有待进一步考量。

在打破垄断与引入竞争方面，"区域分割"并没有打破铁路运输垄断的现状，三大区域公司看似存在比较竞争，其实只是由"全国垄断"变为"区域垄断"，这和通信行业移动、联通、电信三大公司的情况不同，消费者在一定条件下拥有比较选择权，而三大区域公司的比较竞争是名存实亡的。例如，南方公司即便拥有价格与服务优势，北京的货主也可能只能选择北方公司运输，因为南方公司几乎不可能在北方区域建立独立于北方公司的路网，即"区域竞争"隐藏着一个假设：南方公司去北方公司开展业务，还是要用北方公司的路网来开展运营业务，亦即"区域分割"与"区域竞争"是以"网运分离"或"网运能够分离"为前提展开的。

综合来讲，"区域分割"方案改变了现有的路网管理格局，但在打破垄断、引入竞争、深化政企分离、建立现代企业制度、债务处置等方面，有其难以克服的局限性。2000 年铁道部在研究铁路改革方案时，铁道部内部曾如此评价区域分割方案[10]：在全国组建几个大区铁路集团，从企业规模上讲更有优势，也有利于企业自主经营；但在引入铁路内部竞争、协调全路性运输、确保大干线畅通、统一路网建设改造等方面，仍然存在着一些难以克服的缺陷。

本书作者注意到，区域重组与区域分割方案都不设立全国统一的调度机构来协调，"全国一张网"的格局可能不复存在，从而失去了由铁总发挥体制优势迅速推进铁路改革的可能性。

综上所述，笔者认为将"区域重组"与"区域分割"方案作为铁路网运关系调整的优选方案待商榷。

2.3 "网运分离"改革方案及其特点

2.3.1 "网运分离"试点实践

在本书第 1 章 1.2 节我国铁路改革历程的描述中提到,在 2000 年左右,铁道部在研究铁路改革方案时,曾提出"网运分离"的改革方案,期望达成如下四个目标:(1)将政府功能和企业管理分离;(2)在铁路部门内部形成竞争;(3)对于市场导向的投资提供有效的激励;(4)建立健全、统一、公正、高效的管制制度。

上述改革方案旨在政企分开、打破垄断、引入竞争,这是我国铁路改革的一次重要实践。但是,在铁路发展严重不足、难以满足经济与社会发展需求的条件下,"网运分离"试点对铁路改革反而带来了负面影响。在"网运分离"试点过程中成立的客运公司加剧了各路局潜伏多年的内部矛盾,引发了内耗和争斗。所以,面对高速铁路规划建设和运能紧张的客观现实,国家不得不对铁路改革持小心谨慎的态度,坚持发展优先的原则,这也是导致此次"网运分离"的尝试被迫中断的原因。

但是,2000 年前后网运分离改革尝试的失败并不能说明网运分离方案是不可行的,它是由许多特定的现实因素造成的,特别是既受制于铁路自身发展不足,又受制于当时经济社会发展水平的不足,还有许多改革实践中的操作问题。改革本身是一个深刻变革的过程,会遇到许多的困难,而基于保障铁路发展的考虑,"网运分离"的改革在遇到困难时,没有再继续深入,可以说这次改革是一次"浅尝辄止"的"网运分离"试点而已。

2.3.2 魏际刚方案中的"网运分离"

"网运分离"方案的支持者以国务院发展研究中心魏际刚研究员为

代表，他提出新时期铁路改革"六步走"方案[11]：

（1）首先应该加快铁路货运改革，将铁路总公司的货运功能进行分离，成立中国铁路货运公司，不拥有铁路网资源；

（2）其次推进铁路客运改革，分离铁路总公司的高速铁路客运功能，成立中国高速铁路客运公司，全面参与市场竞争；分离中国铁路总公司的普通客运功能，成立中国普通铁路客运公司，定位为（准）公益客运企业；

（3）成立中国铁路路网公司，负责铁路网及其相关基础设施的建设、运营、维护以及路网的统一运营调度；

（4）成立专门的铁路清算公司，负责铁路客货运输与路网公司的财务清算，清算规则向全社会公开；

（5）撤销铁路总公司，组建中国铁路投资和资产管理公司。由财政部出资组建，负责铁路建设资金的筹集、债务处理和路网建设。中国铁路投资和资产管理公司的资本金由中央财政资金、省区市地方财政资金、大型央企投资构成，同时吸纳铁路建设基金、铁路债券、银行保险资金等；

（6）推动中国铁路货运公司、中国高速铁路客运公司成为国资控股的混合所有制企业，建立起能够充分体现各方利益和诉求的科学、规范、透明的法人治理结构。在完成行业重组后，鼓励有条件、具备资质的社会资本进入基础设施建设和铁路货运、高速客运领域，给予其足够的市场机会；无歧视地向有能力提供铁路运输服务的国内企业开放铁路路网。

2.3.3　左大杰方案中的"网运分离"

本书作者在相关文献[13][14]里对铁路改革提出了"综合改革"的方案，其中对铁路网运关系的阐述是"路网宜统，运营宜分，统分结合，网运分离"。我们认为，我国铁路经营管理体制改革应充分考虑路网的整体性与运营的竞争性，并探索出一种充分发挥路网整体性与运营竞争性优势的经营管理模式——统分结合的网运分离经营管理体制。在厘清当前我国铁路路网与运营的关系之后，深入研究铁路国家所有权政策、现代企业制度、混合所有制、投融资体制改革、债务处置、运输定价、公益性补偿、企业运行机制、改革保障机制、监管体制、改革目标与实现路径等一系列关键问题，并对全面深化铁路改革进行顶层设计，形成综合改革方案。

铁路综合改革方案中将"网运分离"作为必然选项，其主要特点包括以下三个方面的内容。

一是"网与运分离"，即从事路网建设与管理的企业不参与运输经营活动，避免路网的垄断性与运营的竞争性相互交织。

二是"网与网统一"，即将铁路路网收归为一个大、统、全的国有企业或管理机构，统一规划、统一建设、统一调度，以充分发挥路网作为国家基础设施的重要作用。

三是"运与运分离"，即打破铁路运输经营的垄断，做大做强三大专业运输公司，同时将铁路运营权下放到若干小、专、精的各类社会资本广泛参与的运营企业中，充分放开竞争性业务，使这些企业在充分竞争的条件下提供更加优质高效的运输服务。

中国铁路总公司总经理在 2018 年 3 月接受记者采访问答时提到要"研究以路网运营企业、专业运输企业及非运输企业为重点的资源整合、资产重组、股改上市等方案"（见专栏 2-2）。

【专栏 2-2】 让中国铁路"领跑"世界
——陆东福代表就铁路热点答记者问（节选）

新华网北京 2018 年 3 月 7 日电（记者 齐中熙）"高铁网络、电子商务、移动支付、共享经济等引领世界潮流。"今年政府工作报告中，中国高铁再次引发关注。春运中，百姓也切实感受到了铁路出行的新变化。

2018 年 3 月 7 日，全国人大代表、中国铁路总公司党组书记、总经理接受了本网记者专访，回应了社会关注铁路的众多热点问题。

记者：今年是改革开放 40 周年，请问铁路系统有哪些重大改革举措？

铁总总经理：自 2013 年铁路实施政企分开成立中国铁路总公司以来，我们进一步对总公司和所属 18 个铁路局明晰了职能定位，厘清了管理关系和方式，建立了管理制度体系，初步形成了上下贯通、法治化市场化的经营体制。去年，又顺利实施了铁路局公司制改革和总公司机关组织机构改革，制定了发展混合所有制经济的意见和新建铁路项目吸引社会投资暂行办法，并做了一些积极探索。同时，大力推进铁路运输供给侧结构性改革。一些改革成效已经显现，一些改革重点已经破题，铁路改革正处在关键窗口期，我们将坚定不移地全面深化改革。

一方面，加强党对国铁企业的全面领导。我们要保持政治定力，坚持以人民为中心的发展思想，正确处理好政府、企业、市场三者的关系，把握好铁路建设发展服务国家战略、服务经济社会发展的价值取向，坚持和发挥集中力量办大事的体制优势和铁路行业专业优势，促进铁路事业持续和优质的发展。

另一方面，加快建立具有中国特色现代国铁企业制度和运行机制，力求取得改革新突破。在进一步完善所属 18 个铁路局集团公司法人治理结构的基础上，巩固总公司机关组织机构改革成果，尽快完成总公司公司制改革；按照提高铁路核心竞争力、做强做优做大国有资本的方向，积极推动铁路领域混合所有制改革和铁路资产资本化股权化证券化改革，加快推进非运输企业重组改制，积极探索铁路公司混改、债转股法治化、市场化途径，探索推进铁路企业发行资产支持证券工作；研究以路网运营企业、专业运输企业及非运输企业为重点的资源整合、资产重组、股改上市等方案，推出一批对社会资本有吸引力的项目；继续深化铁路运输供给侧的结构性改革，加快铁路网与互联网的融合发展，深化"三项制度"改革，强化全面预算管理，增强铁路企业发展活力，推动中国铁路效率效益持续提升，实现高质量发展。

新华网

2018 年 3 月 7 日

关于对上述专栏中"路网运营企业与专业运输企业的资源整合"的理解，我们认为可能包含两个方面的内容。

一是路网或运营领域内企业内部各部门的整合，即路网企业内部的资源整合（例如各个专业站段的整合）、专业运输企业内部的资源整合（三大专业运输之间是否需要整合）、非运输企业内的资源整合（例如中国铁道出版社、人民铁道报社、各局集团铁道报社可能存在的整合）；

二是路网企业与专业运输企业之间的整合，在网运关系调整中，我们将之解读为"将目前中铁总所属各铁路局集团的货运资源整合到专业运输公司里去"，这也就是本方案主张的基于统分结合的网运分离的过程，也是中国铁路总公司"瘦体健身"的过程。

当然，上述关于"以路网运营企业、专业运输企业及非运输企业为重点的资源整合"的解读仅作为本书作者的个人观点，需要通过未来的铁路改革实践予以证实。

2.3.4　方案评价

"魏际刚方案"与"左大杰方案"都属于综合改革方案，其中都包括了网运分离作为必选项，其实质都是将具有竞争性的运营部分同具有自然垄断性的路网分离开来，保持路网垄断，打破运营垄断，充分发挥运营的市场竞争性以激发铁路运输的市场活力，促进运输企业现代企业制度的建立。

当然，二者之间也存在差别，最大的不同在于实施路径。

（1）在"魏际刚方案"中，首先进行的改革是战略上的"分离"，直接成立各类货运公司、客运公司，将客货运业务同路网分离，应当注意到，"魏际刚方案"中的客货运公司是大型的、垄断的"中"字头的大公司，在改革后期对这些大型的、垄断的客货运公司进行混合所有制改革，同时开放运输市场，引入竞争；

（2）"左大杰方案"中的网运分离，则是从实际生产切入，充分利用货运改革已经取得的成果，先将各铁路局的货运营销中心逐步整合进三大专业运输公司和一大批后续成立的运营公司中去，后期各铁路局集团逐步退出货运运营业务，从而水到渠成地实现网运分离[①]。

两者最后的效果也可能存在较大差异：

（1）从改革的路径来讲："左大杰方案"在坚持顶层设计决策中采用网运分离作为网运关系调整目标的前提下，采用"自下而上"的分离路径，由一线生产实践逐步推进到内部体制改革，改革过程更为平

---

① 本书暂时不考虑客运方面如何实现网运分离。

稳缓和，而且充分利用了现有的体制优势，积极调动各铁路局（集团公司）的改革积极性，可操作性强；"魏际刚方案"自上而下，改革跨度大，方案中提出组建的"中"字头的路网、客运、货运企业的人员、资产边界在哪里，相关论证将消耗大量的时间资源，在实际推行过程中操作更为困难，很有可能贻误改革时机。

（2）从改革的结果来看：虽然最后都是网运分离，实现路网统一，多家运输公司开放竞争的局面，但"魏际刚方案"在改革过程中产生了一些大型的、垄断的或者说竞争势力强的运输公司，一方面，这些公司本身会具有大型国企通见的管理难题；另一方面，这些公司的存在不利于后期运输市场的开放竞争。"左大杰方案"中除了三大专业运输公司之外，新增的其他运营公司是相对小型的、分散的，这为后期形成多方竞争的运输市场做好了准备。

2.4　本章小结

本章的主要工作为：

（1）分析网运合一与网运分离的定义以及特点。

（2）分析"1+18+3+N"的网运关系现状。

（3）分析"网运合一"模式下，"1+8+3+N"改革方案、"$N+N$"的总理设想、"$N+N$"的区域改革方案，并对各种模式进行简要评价。

（4）分析"网运分离"模式下 2000 年左右的"网运分离"改革实践、"魏际刚方案""左大杰方案"，并对"魏际刚方案"和"左大杰方案"的方案进行比较区别。

本章的主要观点为：

（1）"网运合一、采取垂直一体化"结构的区域公司在降低网运之间交易费用方面具有优势，但容易在"领地"内出现较强的铁路运输垄断现象，且对外具有封闭性，即这类公司不向其他运输公司开放其拥有的路网基础，或者在开放时伴随着诸多麻烦，以致产生另一类交易费用。

（2）区域重组的"1+8"方案其本质与"1+18"相同，"网运合一"，高度垄断，只是扩大了局管范围，减少铁路局（集团）的数量，没有对现有体制进行实质性变革。

（3）"区域分割"方案变动了现有的路网管理格局，但在打破垄断、引入竞争、深化政企分离、建立现代企业制度、债务处置等方面的改革效果方面有其限制性，在协调全路性运输，确保大干线畅通，统一路网建设改造等方面，仍然存在着一些难以克服的缺陷。

（4）2000年左右进行的"网运分离"改革试点的失败，是由许多特定的现实因素造成的——既受制于铁路自身发展的不足，又受制于当时社会、经济发展水平的不足，还有许多改革实践中的操作问题，但并不能说明网运分离方案的不可行性。

（5）从改革的路径来讲，在"魏际刚方案"和"左大杰方案"的对比中，"左大杰方案"在坚持顶层设计的前提下，采用自下而上的改革路径，由一线生产实践逐步推进到内部体制改革，改革过程更为平稳缓和，充分利用了现有的体制优势，积极调动各铁路局的改革积极性，可操作性强；"魏际刚方案"自上而下，改革跨度大，在实际推行过程中的操作更为困难。

（6）从改革的结果来看，虽然最后都是"网运分离"，实现路网统一，多家运输公司开放竞争的局面，但"魏际刚方案"在改革过程中产生了一些大型的、垄断的或者竞争实力强的运输公司，一方面，这些公司本身会具有大型国企的管理难题，另一方面，这些公司的存在不利于后期运输市场的开放竞争；"左大杰方案"中产生的运输公司，既有三大专业运输公司，又有相对小型的、分散的一大批中小型运输公司，这为后期形成多方竞争的运输市场做好了准备。

第 3 章　网络型行业网运关系调整：全球实践

本章将研究美国、日本、欧洲等国家的铁路网运关系实践，以及我国与铁路有着相似网运关系的自然垄断行业的改革实践，通过国内外的横向比较，探究我国铁路网运关系调整的思路。

3.1　国外铁路运输企业改革实践

自 20 世纪 40 年代开始，面对公路、航空及管道等运输方式的逐步兴起，世界各国铁路在运输市场中都面临着日益严峻的替代品竞争、市场份额不断下降、经营亏损日益严重等发展瓶颈等问题。在这种背景下，各国都展开了对铁路的改革重组，其中以美国、日本及欧洲最具代表性。

3.1.1　美国铁路改革实践

20 世纪 60 年代起，美国公路、航空、水运等运输方式蓬勃发展，打破了铁路垄断地位，导致铁路逐渐失去了直达运输的优势，市场占有率下降了 45% 左右。铁路公司没有放弃亏损营业线路的自主权，无法自行调整运价，致使整个铁路的平均投资回报率降至 1%，债务负担越来越重。

20 世纪 80 年代出台的《斯塔格斯法》是美国铁路复兴的重要法律基础[5]，其中明确了以下几点内容：① 市场竞争是铁路运价和业务最有效的调节手段；② 放宽政府对铁路的控制，给予铁路行业以相当的自由度，鼓励合并和竞争；③ 铁路可以和货主协商定价，明确规定合同运价的合法性；④ 允许废弃线路，以补贴主要线路的经营；⑤国家补贴客运公司。

20 世纪 70 年代，美国众多铁路公司面临倒闭的处境，在此背景下，美国政府开始放宽对铁路运输企业的管制，并对铁路运输企业进行了改革重组。美国政府采取了"货运与路网统一，客运与路网分离"的运营管理体制，即铁路货运公司拥有铁路线路，客运运营要与拥有铁路线路所有权的铁路公司签订长期线路租用合同，并向铁路货运公司支付线路使用费，其公益性运输亏损由政府给予补贴，减轻企业公益性运输负担，采用平行线路竞争等模式对铁路运输企业进行了改革。

铁路货运公司为了强化与其他运输方式的竞争能力，提高路网的运营效率，通过市场并购活动来扩张企业规模。兼并后，一级铁路既实现了强强联合，扩大了市场覆盖范围，同时也形成了强强竞争的局面。铁路货运公司采取"运量主导型一体化"的经营模式，各铁路公司拥有各自的线路、机车、车辆，运量占优势的企业控制基础设施，基础设施与运营合而为一；运量占其次的企业通过缴纳使用费占用主导企业的基础设施。四家最大的一级铁路公司各自拥有完整的运营网络，自成体系，能独立完成覆盖区域的货运业务。但为了维护公众利益，维护铁路客户的选择权，美国政府不鼓励垄断经营，故未将四家铁路公司进一步的合并[14]。

3.1.2　日本铁路改革实践

从 20 世纪 60 年代开始，日本国铁在运输市场上竞争力不断下降，铁路系统内部矛盾日益凸显。为改善国铁经营状况、推进全国行政财政改革，日本政府于 1987 年 4 月 1 日对日本国铁实施"分割、民营化"改革。

根据自身国情、路情，特别是客运的需求，日本国铁（JNR）按地域拆分成为 6 家客运公司和 1 家在向客运公司租借线路并在全国范围内开展业务的货运公司，另外还新设立了铁道综合技术研究所、铁道信息系统公司、铁道通信公司、新干线保有机构以及日本国有铁道清算事业团等[15]，实现了"客运与路网合一，货运与路网分离、路网按区域分割"的"分割、民营化"运营模式。拆分后的各个铁路公司民营化的快速转变使之具备经营自主性，具有明确的经营责任，迅速转变成了市场竞争中合格的微观主体，融入市场竞争当中[16]。

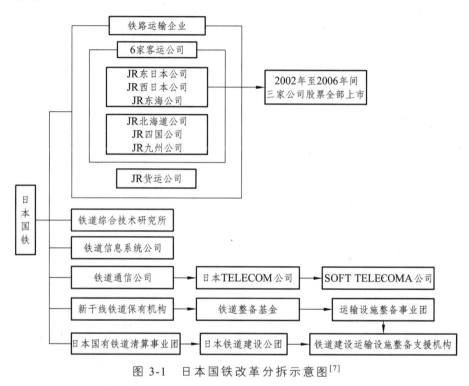

图 3-1　日本国铁改革分拆示意图[7]

3.1.3　欧洲铁路改革实践

欧洲铁路改革较日本与美国来说更加彻底，网运分离（或称"上下分离"）的程度更高。德国、英国及法国先后于 1993 年、1994 年以及 1997 年开始了铁路改革重组，其改革均采取彻底的网运分离模式，即成立一家路网公司、多家客运公司及货运公司，实现政府与企业分开、路网与运营分离的模式。欧洲铁路在网运分离的模式下不仅保证了铁路高效、安全的优势，并且客货周转量、劳动生产率以及经济收益等方面取得了显著的绩效，同时引进了社会资本，完成了以市场为导向的铁路运输企业的构建，实现了铁路的民营化和市场化。

1. 德　国

德国与世界各国一样，随着汽车产业及水路、航空运输的快速发展，德国铁路在运输市场的主导地位迅速衰退。但是，德国铁路作为国营企业，既受到政府公众服务和预算法的双重制约，还要承担自负盈亏，产生企业赢利回报。为改变这种不利的局面，从 1949 年开始，德国铁路先后进行了 17 次改革。德国铁路改革的目的是使其能够在市场经济竞争中摆脱亏损的困境，成为独立的以盈利为目的的服务性企业。德国铁路改革的基本思路可以归纳为：以市场为导向、私有化为方向，实行政企分开，按照"网运分离"的模式，细分运输市场，实现铁路运输企业经营多主体的市场化运作。近 20 年来，德国铁路经历以下改革阶段[17]。

第一阶段：从 1994 年起实施政企分开。在原东、西德铁路基础上，成立 DB 集团作为联邦政府独资的铁路股份公司。

第二阶段：1999 年 DB 集团内部分离，分成集团公司的管理部门和长途客运公司、短途/地方客运公司、货运公司、铁路基础设施公司、旅客车站公司 5 个分公司，每个分公司都有权以股份有限公司的身份独立经营各自的业务。这 5 个分公司同时还分别作为指定联营公司和其他参与公司的管理公司。随着 DB 集团全球业务的拓展及物流业务的发展，2005 年 DB 集团进行了集团重组，将主营业务整合为客运、货运物流、基础设施三大板块，基础设施业务板块由 DB 集团直接经营管理，客运和货运物流板块由 DB 集团通过成立全资子公司 DB 运输物流集团来经营管理。

第三阶段：德国铁路改革进入私有化阶段。DB 集团曾经讨论将公司全部拆分成小公司逐个上市。2006 年 6 月底，DB 集团董事会明确表示公司将进行首次公开募股。2008 年 5 月，德国联邦议院批准了 DB 集团部分私有化计划，这为德国铁路上市奠定了基础。但到 2008 年年底，由于受金融危机的不确定因素影响，计划中的资本私有化进程被无限期推迟。2011 年 1 月，首次公开募股计划完全被取消。目前

DB 集团仍然为国有独资的股份公司。因此，德国铁路现在采取"私有化经营、国家 100% 控股的股份制管理方式"。同时，市场开放使德国铁路的自由竞争局面初步形成。

2．英　国

改革前的英国铁路效率低下，从 20 个世纪 50 年代后，英国铁路就逐渐失去了竞争优势，并开始亏损。英国铁路的改革模式堪称是将可竞争性理论运用到铁路中的典范。1993 年英国议会颁布了《铁路法》，其核心内容是通过将铁路基础设施和铁路运营相分离、开放通路权和特许权经营来最大限度地实现铁路的可竞争性。为满足可竞争性理论的第一个条件[①]，英国成立了 1 个线路公司、3 个机车车辆租赁公司和 3 个负责机车车辆修理的列车工程服务公司，并保证采取平等的线路收费和进入服务政策，这样就使得新的竞争者同既有经营者之间的成本相近。机车车辆租赁公司和列车工程服务公司的建立，使得新的竞争者可获得同既有经营者一样的技术。不仅如此，铁路管制办公室的设立，从体制上保证了对新老经营者在线路收费和能力分配上的公平性和公正性，这样就为新的竞争者创立了相同的的管制环境。为满足可竞争性理论的第二个条件，英国铁路实行了将铁路基础设施和铁路运营相分离的方式，从而极大地减少了进入铁路的沉淀成本。同时，机车车辆租赁公司和列车工程服务公司的建立又使新进入者的沉淀成本进一步降低。然而，要满足可竞争性理论的第三个条件，即所谓的"撞了就跑"（Hit and Run）绝非易事，因为潜在的进入者在进入市场之前不仅要招募员工，与机车车辆租赁公司和列车工程服务公司谈判，还要满足铁路规制部门所提出的各种安全和运营条件。

---

① 可竞争市场的基本假设条件是：（1）企业进入和退出市场（产业）是完全自由的.相对于现有企业，潜在的进入者在生产技术、产品质量、成本等方面不存在劣势；（2）不存在沉没成本；（3）潜在进入者能够采取"打了就跑"（Hit and Run）的策略，甚至有一个短暂的营利机会都会吸引潜在的进入者进入市场参与竞争.而在价格下降到无利可图时.它们会带着已获得的利润离开市场，即它们具有快速进入市场的能力。

3. 法　国

到 1982 年末，法国清还完毕所有私人股份，从此之后国营铁路的全部资产归国家所有。20 世纪 90 年代法国铁路公司开始进行路网公司与客货运营分离的改革。法国铁路公司的改革目标是在保证其作为国有铁路运输企业的前提下，组建路网公司，实行铁路基础设施与客货运营分离，以增强市场竞争能力。为此，不仅明确了法国铁路公司、路网公司与国家各自在基础设施上的责任，也有利于政府在路网技术标准、基础设施使用费等方面的协调[18]。

国家的主要职责：确定路网的组成和主要特点；拨给路网公司一笔资助金和一些无偿提供的资金作为资本；确定安全条例；颁布使用基础设施的原则和制订使用费一览表；在经济和社会利益投资委员会的范围内批准投资项目；保证对铁路基础设施国有资产的监督；可以反对关闭线路，公布以公益为目的的新方案。

路网公司：路网公司并不是单纯地以营利为目的的商业性公司，它是具有工商性质的国家公共机构，受到有关公共领域的法律和行政法规的制约。因此，路网公司要依照公用事业的原则，规划、发展和开发建设国家铁路的基础设施，对国家铁路网的投资活动担负业主职责，是法国铁路网基础设施资产的所有者，路网公司授予法铁公司管理基础设施的任务，并为此向法铁公司支付报酬。

地方客运管理体制：主要是将地区性铁路客运业务的决策权下放给各行政大区政府，中央政府将原来支付给法铁公司的地区客运补贴转移分配给各大区政府，由大区政府与法铁公司各地区局谈判确定本地区的列车开行条件、服务项目及票价，签订购买运输服务的协议。同时，大区政府有权选择本地区的交通运输方式。如果大区政府认为当地不需要铁路运输，相应的也得不到中央政府的补贴。这种管理体制也促使法铁公司的运输服务更接近服务对象，更好地适应当地旅客的需求。

4. 瑞　典

第二次世界大战后，瑞典政府对铁路的投资较少，忽视了线路养护、机车车辆的更新和车站的现代化改造。在 20 世纪 50 年代又遭遇公路运输、航空运输的激烈竞争，铁路出现运量不断下降和经营连年亏损的局面。长期困扰铁路经营的主要问题之一就是在瑞典没有公平竞争的运输市场，即国家政府只负担公路和其他运输工具的基础设施费用，而不负担铁路线路的固定设备费用。瑞典政府于 1988 年彻底改变了过去失败的交通政策并制定了新的交通政策法。原瑞典国营铁路为了贯彻国家的交通政策和摆脱自己的沉重负担，改革了企业的管理机构。在欧洲率先建立了上下分离的管理方式，即实行把铁路的运营和线路固定设备业务分开管理和经营的管理体制。自 1988 年 9 月 1 日起，原瑞典国营铁路分解成瑞典国营铁路公司和瑞典国家铁道署两部分。前者为商业性企业，按商业方式经营铁路运输业务，后者属国家行政机构，对国家所有的铁路线路固定设备负责管理和经营。改革后的瑞典国营铁路的机构一分为二。分离后的两个单位都是独立经营核算的实体，铁路使用者必须支付使用费。

3.1.4　不同铁路改革模式的比较

美国政府采取了"货运与路网统一，客运与路网分离"的运营模式。美国铁路发展初期是完全自由开放的，随着铁路垄断性的增强，政府开始对垄断进行管制。当各种运输方式迅速发展、铁路经营状况不断恶化时，政府又逐渐放松了对铁路的管制。较为完善的管制体系保证了美国铁路竞争机制的存在。美国铁路是以路权的开放和平行线间竞争为主。

英国铁路改革是从 20 世纪 80 年代英国私有化高潮开始的。1993年，英国议会颁布了《铁路法》，其核心内容是通过将铁路基础设施和铁路运营相分离、开放通路权和特许权经营来最大限度地实现铁路的可竞争性。英国铁路改革既有改善铁路经营状况、减少政府补贴的需要，也有建立欧洲统一运输市场的设想。英国铁路曾经有很长一段国有化的历史，通过改革将铁路分拆为许多独立的经营单位，特别是将路网公司的股票上市，以此推进私有化的进程，与当时的政治背景也有一定关系。英国铁路能够实行网运分离，实现线路上的直接竞争与其运力富裕也有直接关系。

日本铁路改革后，分拆为不同的区域性铁路公司，不同公司间没有直接的竞争，但实际上公司间存在服务质量、经营绩效等一些方面的标尺竞争。另外，英国铁路由于对运营及提供辅助服务企业分拆过细，导致这一领域交易费用过高，在很大程度上损害了铁路运输本身具有的规模经济和范围经济。由于分拆后铁路产业内部链条过多，在很大程度上不公影响了内部协作，也影响了铁路运输的整体性、协调性和安全性[19]。

改革前后各国铁路运输情况对比如表 3-1 所示。

表 3-1　改革前后、美、日、欧盟铁路运输业状况

		美国	日本	欧盟
市场结构	改革前	竞争	政府垄断	政府垄断
	改革后	大企业与中小企业并存	6 家客运公司，1 家货运公司	一个线路公司，多家客货运公司
铁路所有权	改革前	私营企业	国有企业	私营企业
	改革后	私营企业	民营企业	私营企业
组织结构	改革前	网运完全合一，客货合一	网运完全合一，客货合一	网运合一，客货合一
	改革后	网货合一，网客分离	网客合一，网货分离	网运分离，客货分离

3.2　我国典型行业改革的实践

网络型自然垄断企业改革一直是我国大型国有企业改革的热点和重点。我国通信、电力、民航等领域网运分离的改革实践经验，都为我国全面深化铁路改革提供了参考。

3.2.1　我国通信行业改革实践

据不完全统计，我国通信行业从 1998 年到 2013 年十余年间历经七次重大改革，在经历了业务分割、区域分割、业务整合等阶段之后，

最终还是选择了"网运分离"模式（或称"网业分离"模式）。

（1）1998 年年初，根据党的十五大精神和国务院的部署，中国电信业进入了以"政企分开、破除垄断、引入竞争"为主要内容的新的改革进程。同年 3 月，国家在原邮电部和原电子部的基础上成立了信息产业部。

（2）1999 年 2 月，信息产业部决定对中国电信进行拆分重组，将中国电信的寻呼、卫星和移动业务剥离出去，原中国电信拆分成中国电信、中国移动和中国卫星通信公司等 3 个公司，寻呼业务并入联通公司。

（3）2000 年 12 月，铁道通信信息有限责任公司成立。至此，中国电信市场七雄争霸格局初步形成：中国电信、中国移动、中国联通、中国卫星通信、中国网络通信、中国吉通、中国铁通。电信、移动、联通是市场中三个大玩家，而网通、吉通、铁通则一直扮演着陪练的角色。

（4）2001 年 10 月，中国电信南北拆分的方案出台。拆分重组后形成新的 5+1 格局，这六大电信巨头包括了中国电信、中国网通（吉通与原有网通合并后组成新的中国网络通信集团公司）、中国移动、中国联通、中国铁通以及中国卫星通信集团公司。

（5）2004 年初，国务院正式决定，铁通由铁道部移交国务院国有资产监督管理委员会（国资委）管理，并更名为中国铁通集团有限公司，作为国有独资基础电信运营企业独立运作。

（6）2008 年，新一轮电信重组方案出台，在六大基础上电信运营商重组为三家全业务经营的电信企业，即中国移动（并入了铁通）、中国电信（并入了原联通的 C 网及部分人员）和中国联通（将 G 网及部分人员与中国网通合并）；2009 年 4 月，中国卫星通信集团公司重组基础电信业务正式并入中国电信，卫星通信业务并入中国航天科技集团公司，成为中国航天科技集团公司从事卫星运行服务业的核心专业子公司。

（7）2013 年以来，我国通信领域贯彻落实党的十八届三中全会《决定》提出的"根据不同行业特点实行网运分开、放开竞争性业务，推进公共资源配置市场化"等有关精神，深化改革并取得了较为显著的成果。

一是成立"铁塔"公司，专做基础网络。2014 年 7 月 18 日，中国通信设施服务股份有限公司（即"铁塔公司"）正式揭牌成立。根据规划，铁塔公司将负责所有的新建铁塔以及无源系统（中国移动、中国联通、中国电信三大运营商均要向其租赁网络），并将逐步收购三大运营商存量铁塔（包括机房和机房内的有源设备）、存量基站和所有室内分布系统，三年内完成向"通信基础服务公司"的转变。铁塔公司的成立为大量虚拟运营商进入通信领域提供了基础性条件。

二是放开虚拟运营商资格，扩大竞争。在 2013 年年底和 2014 年年初，工信部先后两批向 19 家民营企业颁发了虚拟运营商牌照，越来越多的社会资本表现出投资虚拟通信运营市场的兴趣。虚拟运营商的进入将大大提升整个行业的活力，促进良性竞争，使得运营回归到了服务和业务创新的本质，这也是"网络中立，网业分离"的市场化运营方式所需要的一种格局[20]。

政企分开	业务分割	区域分割	业务整合	网运分离
1998 年	1999 年	2001 年	2008 年	2013 年

图 3-1 通信行业改革历程简图

纵览通信行业经历的改革历程，从最初的通过行政命令区域拆分重组，在经历了业务分割、区域分割、业务整合等阶段之后，最终还是选择了"网运分离"模式，这是网络型自然垄断行业通过网运分离来实现彻底革新的又一典型案例。通信领域"网运分离"的改革模式有利于减少基站重复建设，促进专业化分工合作，推动民营资本进入电信行业，促进通信业改革走向深入，提升行业整体价值，最终将惠及广大消费者[21]。

3.2.2 我国电力行业改革实践

自 2002 年电力体制改革实施以来，在党中央、国务院领导下，电力行业破除了独家办电的体制束缚，从根本上改变了指令性计划体制和政企不分、厂网不分等问题，初步形成了电力市场主体多元化竞争格局。但是，电力行业仍存在交易机制缺失、资源利用效率不高，价格关系没有理顺、市场化定价机制尚未完全形成，政府职能转变不到位、各类规划协调机制不完善，发展机制不健全，立法修法工作相对滞后等亟须通过改革解决的问题。

2015 年 3 月，《中共中央、国务院关于进一步深化电力体制改革的若干意见》正式公布。该文件要求向社会资本开放售电业务和增量配电业务，社会资本和个人均可投资成立售电公司。文件明确提出，深化电力体制改革的重点和路径是：在进一步完善政企分开、厂网分开、主辅分开的基础上，按照管住中间、放开两头的体制架构，有序放开输配以外的竞争性环节电价，有序向社会资本开放配售电业务，有序放开公益性和调节性以外的发用电计划；推进交易机构相对独立，规范运行；继续深化对区域电网建设和适合我国国情的输配体制研究；进一步强化政府监管，进一步强化电力统筹规划，进一步强化电力安全高效运行和可靠供应。"逐步打破垄断、有序放开竞争性业务"可以从三个维度"有序放开"：

（1）对于输配以外的竞争性环节电价，用户选择权的放开应分阶段、分用户类别有序进行。根据国际经验，应首先开放大用户的购电选择权作试点，其次建立合理的输配电价形成机制，妥善处理销售电价的交叉补贴问题，逐步放开中小用户选择权。

（2）对于向社会资本放开配售电业务，应分阶段构建多元化的售电主体。售电侧市场的放开需要逐步引入多元化的售电公司，随着售电侧市场化改革的稳步推进，不同售电主体的构建或引进还应充分考虑可操作性、市场成熟度等因素，分阶段、有规划地开展，降低改革风险。

（3）对于公益性和调节性以外的发用电计划，不能短时间内彻底放开，需要一个循序渐进的过程。在供应侧，各机组的初始投资，使用寿命以及机组状况都不尽相同，各电厂不太可能站在同一起跑线上参与市场竞争，现阶段完全依靠市场可能会造成资源浪费，甚至国有资产流失，对于清洁能源发电尤其如此。在用电侧，一些特殊时段的区域电力系统仍会出现一定的电力缺口，需要对用户用电进行计划，保证电力系统安全稳定运行。

新一轮电力体制改革将还原电力商品属性，构建有效竞争的电力市场体系，放开发电、售电等竞争性环节，引入竞争机制，提高电力市场的整体效率。改革的关键不在于电力企业的拆分重组和营利模式的改变，而在于新型电力治理体系管理框架的顶层设计，其中政府能否在改革的政策激励和法制环境设计上有所作为至关重要。政府在改革顶层设计阶段对如何运用市场杠杆，以及如何用"看得见的手"对市场化体制、机制、政策措施、法律法规、监管等方面进行设计、建立和引导，激励改革目标的实现等方面，发挥主导性甚至决定性作用。

作者认为，我国电力领域改革的主要特点是"抓中间、放两头"：（1）将发电、售电业务视为竞争性业务，面向全社会放开；（2）电网建设与运营需要投入巨资且沉淀成本较高，具有一定的垄断性与公益性，不适合规模较小的社会资本参与，因此电网企业多为国有资本独资、控股的国有企业，按照政府核定的输配电价收取过网费。由此可见，我国电力体制改革实质上采用了"网（电网）运（发电、售电）分开"的经营管理体制，是中共十八届三中全会"根据不同行业特点实行网运分开、放开竞争性业务"精神在电力领域的具体体现。

3.2.3 我国民航运输业改革实践

自 20 世纪 80 年代初以来，我国民航运输业逐渐脱离军队建制，实行政企分离，网运分离，成为我国网络型自然垄断行业改革的成功范例。

1. 民航从军队建制中分离出来

1980 年 3 月 15 日起，民航不再由空军代管，中国民航局从隶属于军队建制改为国务院直属局，由国务院领导；民用航空地区管理局和民航各省（自治区、直辖市）管理局由中国民航局和各省市、自治区人民政府实行双重领导。这一阶段，民航按照企业化改革要求，进行了以经济核算制度和人事劳动制度为核心的一系列管理制度上的改革，但实质上并未改变民航政企合一的管理体制。这次改革后，民航局既是主管民用航空事务的政府部门，又是以"中国民航"的名义直接从事航空运输经营活动的全国性大企业。

2. 民航管理体制政企分离

1985 年 1 月，国务院决定对政企不分的民航管理体制进行改革：政企分开后，国家民航局作为国务院主管民航事务的部门，行使行政管理职能，不再直接经营航空运输业务，各类民航企业都要从原来所属的行政部门独立出来，作为独立核算、自负盈亏的经济实体，负责运输经营，并分设航空公司和机场。

航空运输服务保障系统也按专业化分工的要求进行了相应的改革。1990 年，在原民航各级供油部门的基础上组建了专门从事航空油料供应保障业务的中国航空油料总公司，该公司通过设立在各机场的分支机构为航空公司提供油料供应。属于这类性质的单位还有从事航空器材（飞机、发动机等）进出口业务的中国航空器材公司；从事全国计算机订票销售系统管理与开发的计算机信息中心；为各航空公司提供航空运输国际结算服务的航空结算中心；飞机维修公司、航空食品公司等。

随着市场经济体制的建立和深化，民航业又逐步突显出运输能力布局分散、价格形成机制不合理、航空企业资产负债率高等深层次矛盾和问题。

3. 民航深层次改革

2002 年开始，我国民航运输业改革进入了深水区，主要涉及三方面的内容：① 航空公司与服务保障企业联合重组，成立新的集团公司，脱离中国民航局，由中央管理；② 民航政府监管机构改革，中国民航局下属 7 个地区管理局，且设立省级安全监督管理办公室，对民航事务实施监管；③ 机场属地化管理，中国民航局将多数机场的管理权及相关资产、负债和人员下放所在省（区、市）管理。

4．进一步向市场化转变

我国民航运输业在 2006 年进一步推进了改革的步伐，主要包括三个方面的内容：（1）在行政管理上，继续坚持政企分开、政事分开、政资分开的原则，凡是企业能够自主决定的，市场机制能够自行调节的，行业组织或者中介机构能够自律管理的事项，政府主动退出；（2）在运输经营上，继续鼓励、引导各类社会资本投资民航，票价实行市场调节，全面放开干线机票价格、上限管制支线机场价格；（3）在机场管理上，实行企业化经营管理成为趋势，同时推进机场由生产经营型管理向飞行区生产经营型管理和航站区资产经营型管理相结合和转变[22][23]。

不同于我国铁路运输相关业务由一家企业（中国铁路总公司下属各铁路局集团公司）全权经营的情况，民航运输这些业务由不同的经营主体经营管理和分工合作。目前，我国民航运输业可纵向分为空管业务、机场业务、客货运输业务、航空保障业务、航空延伸业务、维修与培训业务等五个具有一定垂直关系的业务部门。其中：

（1）空管业务主要包括空域管理、空中交通流量管理、空中交通服务等，空中交通管理服务由民航空中交通管理局提供给各航空公司。相关内容见专栏 3-1。对于全国性乃至国际性航线网络来说，航路上的导航、通信、监控等设施设备的投资是一笔非常巨大的费用，并且资产专用性非常强，安全性要求非常高，甚至具有准军事的性质，因此该业务环节通常被认为不适合竞争性经营。统一的空中交通管理能有效维护和促进空中交通安全，维护空中交通秩序，保障空中交通顺畅。

【专栏 3-1】 中国民用航空局空管系统

中国民用航空局空中交通管理局（简称民航局空管局）是民航局管理全国空中交通服务、民用航空通信、导航、监视、航空气象、航行情报的职能机构。

中国民航空管系统现行行业管理体制为民航局空管局、地区空管局、空管分局（站）三级管理；运行组织形式基本是以区域管制、进近管制、机场管制为主线的三级空中交通服务体系。

主要职责是：①贯彻执行国家空管方针政策、法律法规和民航局的规章、制度、决定、指令；② 拟定民航空管运行管理制度、标准、程序；③ 实施民航局制定的空域使用和空管发展建设规划；④ 组织协调全国民航空管系统建设；⑤ 提供全国民航空中交通管制和通信导航监视、航行情报、航空气象服务，监控全国民航空管系统运行状况，研究开发民航空管新技术，并组织推广应用；⑥ 领导管理各民航地区空管局，按照规定，负责直属单位人事、工资、财务、建设项目、资产管理和信息统计等工作。

中国民用航空局空中交通管理局领导管理民航七大地区空管局及其下属的民航各空管单位，驻省会城市（直辖市）民航空管单位简称空中交通管理分局，其余民航空管单位均简称为空中交通管理站。

民航地区空管局为民航局空管局所属事业单位，其机构规格相当于行政副司局级，实行企业化管理。民航空管分局（站）为所在民航地区空管局所属事业单位，其机构规格相当于行政正处级，实行企业化管理。

（2）机场业务既为航空公司提供空侧服务，也为旅客、非基地航空公司、政府机构等提供陆侧服务。2002 年以来我国机场属地化管理后，绝大多数机场都是由国有资本出资组建的机场集团（公司）或委托机场集团（公司）进行管理运作的（见专栏 3-2）。尽管机场被认为具有较强的区域自然垄断特征，这些负责机场日常运营管理的公司随着发展混合所有制经济，逐渐完善现代企业制度，机场管理水平和效益还是值得称赞的。

【专栏 3-2】　北京首都国际机场股份有限公司

北京首都国际机场股份有限公司（英文缩写 BCIA，简称"首都机场股份公司"）隶属于首都机场集团公司，是一家以机场管理和机场运行服务保障为主业的大型国有控股企业。1999 年 10 月 13 日，国家经贸委批准北京首都国际机场作为独家发起人，以发起的方式设立北京首都国际机场股份有限公司，并于 1999 年 10 月 15 日在北京正式注册成立。2000 年 2 月 1 日成功在香港联交所上市交易（股票简称：北京首都机场股份；股票代码：00694），成为中国内地首家在香港联交所上市交易的机场公司。2000 年 5 月 18 日，经国家对外经济贸易合作部批准，成为外商投资股份有限公司。

首都机场股份公司作为首都机场的管理机构，其负责首都机场的安全保障、运行服务、环境保护和公共事务管理工作，负责统一协调、管理首都机场的生产运营，维护首都机场正常秩序，为航空运输企业及其他驻场单位、旅客和货主提供公平、公正、便捷的服务。目前，公司资产总额近 306 亿元人民币。

首都机场股份公司董事会与监事会下设董事会秘书室、审计部、纪检监察部、行政事务部、规划发展部、财务部、人力资源部、质量安全部（保卫部）、服务品质部、国际事务部、法律事务部、党群工作部、运行控制中心、航空业务部、商业开发部、技术采购部、建设项目管理中心、信息技术部、消防支队、飞行区管理部、航站楼东区管理部、公共区管理部等 22 个部门。

北京首都国际机场股份有限公司主要在北京首都机场经营和管理航空性业务和非航空性业务。航空性业务包括：为中外航空运输企业提供飞机起降和旅客服务设施、地面保障和消防救援服务。截至 2017 年年底，在北京首都机场运营定期商业航班的航空公司共 104 家，其中内地航空公司 28 家，香港、澳门、台湾地区航空公司 7 家，外国航空公司 69 家。截至 2017 年年底，北京首都机场的通航点共计 292 个，其中国内（含香港、澳门、台湾）通航点 161 个，国际通航点 131 个。

非航空性业务中以特许经营方式许可其他方在北京首都机场经营的业务主要包括：① 为中外航空公司提供地面代理服务；② 提供航班餐食配送服务；③ 经营航站楼内的免税店和其他零售商店；④ 经营航站楼内餐厅和其他餐饮业务；⑤ 航站楼内外的广告位出租以及其他业务。

非航空性业务中自营的业务主要包括：① 航站楼内物业出租；② 提供停车服务；③ 为地面服务代理公司提供地面服务设施。

首都国际机场股份有限公司 2016 年年度利润约 17.8 亿元，每股收益 0.41 元；2017 年年度利润约 26 亿元，每股收益 0.6 元。

（3）负责客货运输业务的航空公司，负责航司、机场、空管等单位航油、航空器、信息服务等保障业务的服务企业，负责民航运输产业链末端客货运代理、值机、候机楼物业等航空延伸业务的公司，以及负责航空器维修和专业人才培养业务的公司，这几类公司（企业）数量和种类繁多，均具有竞争性，通过公开、公平、公正的市场竞争，实现优胜劣汰，既有利于企业自身发展，又确保其提供服务的质量[24]。

3.2.4　我国油气领域改革实践

2017 年 2 月，《国务院关于印发"十三五"现代综合交通运输体系发展规划的通知》中提出全面深化交通管理体制改革，并明确指出"加快油气管网运营体制改革，推动油气企业管网业务独立，组建国有资本控股、投资主体多元的油气管道公司和全国油气运输调度中心，实现网运分离"。

【专栏 3-3】　油气改革方案或将于两会后落地　相关配套细则正酝酿

时任全国人大代表、国家发改委副主任、国家能源局局长在 2017 年两会期间接受采访时透露，油气体制改革方案已经获通过，发布实施指日可待，预计就在两会后。届时国家发改委和国家能源局将研究制定勘探开采、管网运营等方面配套文件，以及综合改革试点方案和专项改革实施方案，积极稳妥地开展试点工作。在此背景下，勘探开采等竞争性业务将加速放开。

按照国家对能源领域改革的总体部署，石油天然气体制改革从 2014 年就开始酝酿，2015 年年底才最终成稿上报，之后又经历数轮修改。今年的政府工作报告明确提出，要抓好石油天然气体制改革，开放竞争性业务。

首当其冲的便是垄断程度最高的上游环节。一直以来，国内具有探矿权和采矿权资质的企业只有中石油、中石化、中海油和延长石油四家，"占地盘""圈而不探"等现象突出。方正证券研究人员认为，此次油气体制改革将按照"存量资源混改+增量资源试点招标"的原则有序向社会资本开放上游。

这一思路早前已有所体现。2015 年 10 月，国土资源部正式投放五个新疆油气勘查区块招标，最终三家企业中标四个区块，承诺三年内投资近 85 亿元进行油气勘探。这是国内首次向民资和社会资本开放油气勘探开发市场，标志着以新疆为试点的油气资源上游领域改革正式拉开序幕。

但不容忽视的是，改革的推进并非一帆风顺。中标区块烃源岩埋藏较深、地表地貌条件复杂，对勘查设备、技术手段及资金投入要求更高。而中标企业均是首次进入油气勘查领域，经验欠缺，人才储备不足，在一定程度上影响了勘查的进度。

油气本身是高投入、高风险、高回报的行业，在前期勘探过程中很难保证投入一定能有产出。当前油价低、市场风险大，一般没有实力的企业不可能在勘探开发方面加大投入。另外，首批招标区块毕竟是央企"吐出来"的，各方面条件都受到一些限制。下一步将通过一些改革措施来解决这些问题。

另一大看点是管网改革。从此前的油气改革思路和征求意见稿的说法来看，按照"管住中间、放开两头"的原则，管网改革采取分步走的路径，先确定管输价格，逐步实现财务独立，管网无歧视向第三方放开。随后，时机成熟可以实现法律独立，开展统一调度等后续步骤，成立独立的管网公司。

第一步已然迈出。自 2016 年 10 月份以来，国家发改委陆续发布数份文件直指输配体制改革，并在福建开启门站价格市场化改革试点，2017 年将全面启动管道运输企业定价成本监审工作，研究制订天然气干线管道价格，加快规范省级以下管网定价。同时，鼓励在重庆、江苏、上海、河北等地开展油气体制改革试点。这一系列改革将带来资产整合和民企投资机会。新奥集团股份有限公司已于去年收购海外油气资产，待国内政策足够成熟，将来也会关注国内油气上游需要很高技术积累和很好团队准备的勘探开发[25]。

至此，我国交通运输领域中，除铁路外的公路、航空、水运、管道等交通方式之外，都已实现或明确网运分离的管理体制。

3.2.5　我国其他国企所属铁路网运关系实践

本小节将以中国神华集团有限责任公司为例。

神华集团有限责任公司是于 1995 年 10 月经国务院批准设立的国有独资公司，是以煤为基础，电力、铁路、港口、航运、煤制油与煤化工为一体，产运销一条龙经营的特大型能源企业，主要经营国务院授权范围内的国有资产、开发煤炭等资源型产品，进行电力、热力、港口、铁路、航运、煤制油、煤化工等行业领域的投资、管理，以及规划、组织、协调、管理神华集团所属企业在上述行业领域内的生产经营活动。

【专栏 3-4】　神华集团有限公司的经营

　　神华铁路是神华集团六项核心业务之一，主要以外运神华自产煤为主，适当兼顾地方运量，拥有包神、神朔、朔黄、大准、甘泉、新准、准池等铁路线路，截至 2015 年年底，营运里程共计 2 155 千米，2015 年完成货运量 3.64 亿吨。现拥有包神铁路集团公司、神朔铁路分公司、朔黄铁路公司、准能大准铁路公司、铁路货车公司、神华轨道维护分公司、准池铁路、蒙东铁路公司等 8 家骨干企业。根据业务划分出来的这 8 家企业职能明确、责权清晰，共同构成了神华集团铁路运输板块。

　　其中，神华轨道维护分公司主要承担神华铁路的轨道大修、清筛、捣固、整形等业务，对神华铁路安全稳定运营发挥重要的基础保障作用；

　　神华铁路货车运输有限责任公司为中国神华能源股份有限公司的全资子公司，承担着神华铁路自备货车的运输组织、定期检修、运用维修以及机车大中修等业务。神华铁路货车公司作为神华集团铁路运输板块的骨干企业，负责组织并管理五万余辆企业自备铁路货车，为神华集团煤炭外运提供了充足的运力保障。

　　神朔铁路是神华集团公司按照现代企业制度组建的全资子公司，其前身由神朔铁路运营筹备处、神朔铁路建设办公室、神木北电务工程建设管理处、神木北建设管理处和神朔铁路庄阴运输分处合并组成。

神朔铁路在陕西省、山西省行政区域内兼办公共旅客、货物运输业务。神朔线是我国继大秦铁路之后的第二条西煤东运的大通道，主要承担集团公司所属神府、东胜煤田煤炭外运等任务。

朔黄铁路发展有限责任公司由中国神华能源股份有限公司、太原铁路局、河北建投交通投资有限责任公司共同出资组建（中国神华出资 31 亿元人民币、股比为 52.72%，太原铁路局出资 24.2 亿元人民币、股比为 41.16%，河北建投交通投资有限责任公司出资 3.6 亿元人民币、股比为 6.12%。），公司严格按照《公司法》组建，实行独立法人治理结构。朔黄铁路公司目前主要负责运营朔黄、黄万铁路，将线路、"四电"等固定设备与机车、车辆等移动设备分离，并在此基础上引入市场竞争机制，通过招标形式，择优选择了 6 家铁路运输企业，组成运输联合体，共同完成朔黄铁路运输生产任务。

神华包神铁路集团由神华包神铁路有限责任公司、神华甘泉铁路有限责任公司、神华新准铁路有限责任公司整合而成。包神铁路集团所辖包神、甘泉、巴准、塔韩 4 条铁路线正线总里程将近 750 千米，占到目前神华已建和在建铁路总里程的 30% 以上。包神铁路集团的组建，不单是包神铁路、甘泉铁路、新准铁路的管理整合，将进一步推动区域内铁路运力资源的统筹规划与开发利用，进一步有利于人才、技术、装备等资源的有效配置和管理资源的充分共享，有利于建设专业化、集约化管理模式，有利于发挥低成本的优势，有利于实现神华集团公司利益最大化[26]。

神华铁路板块中按不同业务职能划分的公司都能做到各司其职、责权分明，特别是朔黄铁路积极发展混合所有制，建立公司现代企业制度，并打破铁路运输垄断，引入市场竞争机制，其经营管理体制和改革尝试经验，在全面深化铁路改革过程中都具有重要的借鉴意义。

3.3　国内外网络型自然垄断行业网运关系调整的启示

根据上述分析，国内外大型网络型自然垄断企业的改革均在一定程度上包含有"网运分离"的因素，尽管根据不同的国情采取了不同的分离方法，其分离程度亦有较大差别。但无论是何种分离方式，总的趋势是社会资本参与程度越来越高、分离程度也越来越高。以上企业的改革实践经验对于我国全面深化铁路改革具有较好的启示作用。

3.3.1　我国网络型自然垄断行业网运关系调整的启示

纵览我国网络型自然垄断行业经历的改革进程不难发现，通信、电力、民航、油气等典型行业最终都选择了网运分离模式。特别是通信行业，先后经历了区域分割、业务分割的改革尝试，但最终还是选择了网运分离模式。

我国网络型自然垄断行业的网运关系调整也以实践论证了《中共中央关于全面深化改革若干重大问题的决定》中提出的"国有资本继续控股经营的自然垄断行业，实行以政企分开、政资分开、特许经营、政府监管为主要内容的改革，根据不同行业特点实行网运分开、放开竞争性业务，推进公共资源配置市场化"改革思路的正确性，通信、电力、民航、油气等典型行业取得的成功经验及油气管网运营体制改革方案的确定对我国铁路改革具有重要的启示作用和借鉴意义。

在推进现代综合交通运输体系的建设过程中，铁路也可借鉴公路、民航等其他运输方式的成功改革经验，大胆探索适合我国国情和铁路路情的网运关系，让铁路运输更好地服务国家和地方经济社会发展。

1．统一的网络保证了运营的安全高效

无论是铁塔公司、电网公司的成立，还是民航空管局的存在，都在不同程度上将具有自然垄断性质的网络与运营剥离开来，并统一管理。一方面，由于自然垄断企业都具有长期的发展经验，统一的网络服务提供者具有统一的调度指挥权，在管理中能够根据自身特点保证网络运营安全畅通，特别是在突发事件的应急处置中具备极大的优势；另一方面，统一的网络服务提供者能确保相关设施设备的技术标准统一，并解决其兼容性。这都为日后经营管理体制的深化改革打下坚实的基础。由于垄断行业的自身优势，无论是电力、通信网络，还是空域网络，统一的网络服务提供者都能够保证基础设施的整体性，承担

较小的市场风险，提高了网络的稳定性和应急处理能力。

2．统一的网络保证了资源的优化配置

统一的网络服务提供者能够解决长期以来网络建设中存在的重复投资、过度占用资源的问题。为抢占市场，通信领域的中国电信、中国移动、中国联通三大运营商重复建设了大量基站和机房，这样的基础设施的重复建设无疑是对国家资源的浪费。新成立的铁塔公司就是要整合现有的通信基础设施，减少重复建设、优化设备配置。所以，组建统一的网络服务提供者有利于集约利用网络型既有基础设施，从供给侧角度优化资源配置，实现资源的高效利用。

3．运营的分离实现了竞争的多元化

网络业务的整合使运营服务商脱离基础设施投资的巨大负担，专心研发运营产品并提供更优质的服务；运营业务的开放为更多社会资本进入市场参与竞争创造了有利条件，又倒逼企业不断提升自身竞争力，创造更大效益。

以通信行业为例，除三大通信运营商以外，虚拟运营商的介入将进一步刺激以运营商为中心的产业价值链之间的竞争。可以预见，在未来的竞争中，运营商将脱离耗费巨资的网络基础设施建设而全力投入业务创新和提高服务质量上来，以此取得相对的竞争优势，提升自身的整体竞争力。

以民航运输为例，我国民航运输业可纵向分为空管业务、机场业务、客货运输业务、航空保障业务、航空延伸业务、维修与培训业务等五个具有一定垂直关系的业务部门。空中交通管理服务由民航空中交通管理局提供给各航空公司，各机场实行属地化管理，绝大多数机场都是由国有资本出资组建的机场集团（公司）或委托机场集团（公司）进行管理运作的，其余业务则对市场开放。

我们可以设想，我国铁路车站的经营管理可借鉴类似模式，将铁路车站的业务，除了行车业务归路网公司（确保全国一张网）以外，其他客运、后勤、商业等非行车业务，可实行属地化管理，并由铁路与地方各类资本共同出资举办各类公司来提供丰富多彩的旅行服务，

这样不仅可以提高地方参与的积极性，也可同时实现混合所有制以及多元化的竞争。从民航的经验来看，铁路车站的行车技术作业在性质上与机场飞行控制类似，它与非技术作业进行一定程度的分离并由不同的经营主体来经营，具有现实上的操作性。

4．网络公司与运营公司的职能划分需明确

由于国家电网公司具有政府提出的国有资产保值增值的刚性要求，政府容易在高度行政性控制下出现职能越位，对电网公司造成直接的行政干预，导致低效和不公，而政府对市场的监管不力，出现了既是运动员又是裁判员的公平扰乱者角色。这种职能划分的混淆容易对国家资源造成错配，也不利于社会资本进入市场参与竞争，给电力服务企业带来困扰[27]。

民航空管局与航空公司、机场公司的职能划分就较为明确，空管局为各航司和机场提供平等的空域网络服务，这就确保了竞争的公平性，进而有利于维护运营公司切身利益，促进社会资本不断投资民航运输业。

3.3.2 国外铁路行业网运关系调整的启示

1．美欧铁路

美国铁路经历了扶持到管制再到复兴的历程，是一个不断进行着体制和机制改革的过程，基本选择的是客、货网分离的模式。从路网布局分析，中国铁路能够构成平行径路竞争的线路较少，且如果通过增加平行线路的形式引入竞争，势必会造成不必要的资源浪费。在客、货网分离经营的总体趋势下，中国铁路应着力于形成独立企业，实施分账核算，构建新的经营格局，参与市场竞争[14]。

欧洲铁路改革的网运分离程度更彻底。德、英、法等国的铁路改革重组均采取彻底的网运分离模式，即成立一家路网公司与多家客运公司及货运公司，实现政府与企业分开、路网与运营分离。欧洲铁路在网运分离的模式下不仅保证了铁路高效、安全的优势，并且客货周转量、劳动生产率以及经济收益等方面取得了显著的绩效，同时引进了社会资本，完成了以市场为导向的铁路运输企业的构建，实现了铁路的民营化和市场化。欧洲铁路改革对中国铁路改革目标的实现具有重要的参考价值。

2．日本铁路

基于改革前路情的相似性，日本铁路改革的实践经验尤其值得我们借鉴。

（1）日本国铁改革的特点分析。

一般认为，日本国铁改革方案采用的是"分割、民营化"方案，但其中包含的"网运分离"成分却不为学术界所重视。

由于日本人的人口密度大、社会客运需求大，日本采用按地域横向和按业务纵向相结合的混合分拆重组方式，将国铁一分为七，形成了JR北海道、JR东日本等六家客运公司（按地域横向分割，即"路网区域分割"）和一家货运公司（按业务纵向分割，即"货运与路网分离"）。

日本国铁将客运与路网合一，各个客运公司拥有铁路路网，并在路网上从事客运业务，而货运公司则通过向六家客运公司购买列车运行线的方式从事货物运输，形成了"客运与路网合一、货运与路网分离、路网按区域分割"的经营管理体制。这种具有日本特色的"网运分离"形态，使货运与路网完全分离，JR货运公司无须承担路网建设与维护业务，从而能够专心从事货运营销和服务工作，自我责任意识及积极性有了很大提升。

不过，将路网统一到客运公司，虽对日本客运的长足发展有着功不可没的成就，却在一定程度上又制约了日本铁路货运的发展。

（2）日本国铁改革的成功经验。

日本国铁改革引入竞争主体，把原本垄断的市场格局变为了竞争性的市场结构，其成功获得了全世界的瞩目。尤其值得关注的是，在改革方案最终确定前，日本进行了大量且重要的准备工作，先后经历两次临调、三次紧急答复和两次紧急提议，特别是在产权、债务、经营形态、人员处置等方案中做好了顶层设计，并完善了相关法律法规后，才最终确定《关于国铁改革的意见》。而且在多次论证、调整过程中，日本政府还极大地发挥了社会力量，邀请社会各界精英人才参与商讨，最终的改革方案也是凝结了民间智慧。整个改革过程在充足的舆论引导下，获得了多方支持，这也是日本国铁改革中的关键一环①。

重组后的铁路公司建立了完善的经营体制，有效提高了铁路内部的竞争力，从而带动了各运输企业自身积极性，进而增强了整个行业的效率和服务水平。完善的经营体制还有效解决了改革前机构臃肿、人浮于事、长期债务、经营不善等诸多问题，从此整个日本铁路行业进入了良性、有序、高效、快速发展的新时期。

日本铁路改革明晰了政府职能和企业职能，政府的社会性目标和铁道株式会社的企业性目标通过目标单一的行为主体得到体现，日本铁道建设公团是特殊法人公企业，代表国家建设路网，体现国家公益性目标，通过设立安定基金补贴亏损的铁道株式会社，实现了一定程度的股权民营化，市场预算硬约束增强，激励约束效果明显，经营绩效有了提高，"网客一体，网货分离"，实现了客运业务的网络经济，节约了交易费用，明确了公益性范围，激励了运输企业的经营者。

《日本铁道改革法》中还把日本铁路运营主体明确地划分为 3 类：第 1 类是既有运营线路也从事运输业务，第 2 类是没有运营线路只从事运输业务，第 3 类是只负责建设线路并出租或出售给其他铁路运营主体。如果第 1 类运营主体到第 3 类运营主体或第 2 类运营主体到第 1 类运营主体的线路上运营，就构成了"网运分离"关系，这种分类办法有利于专业化分工，充分利用规模经济效率引入了多种形式的竞争方式，包括声誉竞争，招投标竞争，要素市场竞争和方式间竞争等。

（3）日本国铁改革的不足之处。

日本国铁在新的经营形态下，一定程度上也制约了铁路货运的发展，改革后 JR 货运公司的货运市场份额下降了 8.7%[28]，原因主要体现在以下两方面。

一是货运能力受限。在路网与客运公司"网运合一"的形态下，JR 货运公司运行线一旦与客运产生冲突，客运公司会优先于满足自身的客车运行，货运则处于不利地位，这对货运列车的开行有非常大的局限性，且对货运公司而言属于不公平竞争。

---

① 参见"铁路改革研究丛书"之《铁路改革保障机制研究》一书。

二是破坏了路网的整体性。如果一列 JR 货运列车需要跨区域开行，就需要货运公司协调多个客运公司，这对跨区域货运列车的开行增加了很大难度。同时，这也不利于在紧急情况下对物资、人员的统一调配。对我国铁路来说，更要避免这样的"分割"对跨区域运输造成的阻碍。

3.3.3　我国铁路"网运分离"的适用性分析

一方面，我国地域辽阔，气候迥异，资源分布不均，加之我国的工业布局特点，由此产生了大量的长途货物运输需求，而铁路这种交通运输工具本身就具有运输量较大、运营成本较低、受天气等因素影响小、能够连续运输等特点，再结合铁路自身庞大的路网，能够充分满足中长距离货物运输的需要。但是，我国铁路被划分为 18 个路局（公司）管辖，60% 的货物运输都属于跨局运输，各铁路局作为承运人无法对管界外的运输过程进行有效监控，因而无法保证由承运局就能为客户提供完整的运输服务。同时，出于自身利益的考虑，各铁路局经常只着眼于本局某些具体的技术经济指标从而影响整个铁路网络的运输效率。可见，路网的分割是造成我国铁路运输效率低下、线路拥堵的主要原因之一，路网基础设施的整体优势并未完全发挥出来。而且，我国铁路内部结构相对于日本来说更加复杂，存在众多平行线路和路局分界口，内部利益冲突较外部竞争更加突出[16]。

另一方面，庞大的铁路建设、运营成本以及较长的资金回报周期与众多社会资本的需求相矛盾，很大程度上制约了社会资本的进入。而且，我国铁路系统内部组织结构较为复杂，具有网络型自然垄断企业典型的相对封闭、保守的特点，缺乏有效的良性竞争环境，严重阻碍了铁路行业贴近市场、走向市场，即便是在规模较小的各类社会资本完全可以参与的客货运营领域也难以实现充分竞争[29]。

综上所述，结合国内外网络型自然垄断企业网运分离的实践与经验，在我国铁路经营管理体制研究探索中，"网运分离"模式应当再度得到关注。我们应当在 2000 年对铁路"网运分离"初步尝试基础上进行深刻总结，找到失败的根本问题和矛盾所在，并对其价值和意义进行客观评价，为新一轮全面深化铁路改革做好顶层设计[30]。

3.4　本章小结

本章的主要内容如下：

（1）深入分析了美国、日本、欧洲等国外铁路改革实践经验，对美国、日本、欧洲铁路改革模式进行了比较，并总结了其改革过程中网运关系调整的模式对我国铁路改革的启示。

（2）回顾总结了我国通信、电力、民航等典型行业打破自然垄断性的改革实践历程，并结合我国国情和铁路路情，分析其网运关系调整实践对我国铁路改革的启示及我国铁路网运分离的适用性。

本章的主要观点如下：

（1）欧洲铁路是彻底的网运分离，而美国和日本铁路总体上虽然不是网运分离，但存在网运分离的因素，说明网运分离模式已在全球铁路行业网运关系调整实践中得以证实其可行性和有效性。

（2）我国网络型自然垄断企业在多轮改革实践中，都逐步走向了网运分离，这种改革路径对铁路网运关系调整具有重要参考价值。特别是通信行业，先后探索了区域分割和业务分割模式，最终抛弃了区域运营，所有运营商也都回归全业务。我国铁路改革过程中完全可以避免再走弯路，理应摒弃区域分割和业务分割模式。而且，从民航系统的运行机制和实际效果来看，铁路如果按照以上网运分离模式改革，取得成功的可能性极大。

（3）2017 年 2 月《国务院关于印发"十三五"现代综合交通运输体系发展规划的通知》中提出全面深化交通管理体制改革，并明确指出"加快油气管网运营体制改革，推动油气企业管网业务独立，组建国有资本控股、投资主体多元的油气管道公司和全国油气运输调度中心，实现网运分离"。至此，我国交通运输领域中，除铁路外的公路、航空、水运、管道等交通方式都已实现或明确网运分离的管理体制。通信、电力与民航等典型行业取得的成功经验及油气管网运营体制改革方案的确定都为我国铁路改革提供了非常有价值的参考案例。

第 4 章　基于统分结合的网运分离:必然选择

　　基于对国内外大型网络型自然垄断行业改革实践的分析,笔者认为,我国铁路经营管理体制改革应充分考虑路网的整体性与运营的竞争性,并探索出一种充分发挥路网整体性与运营竞争性优势的经营管理模式——"统分结合的网运分离"经营管理体制(即路网宜统,运营宜分,统分结合,网运分离),其主要特点应包括以下三个方面的内容:一是"网与运分离",即从事路网建设与管理的企业不参与运输经营活动;二是"网与网统一",即将铁路路网收归为一个大、统、全的国有企业或管理机构,统一规划、统一建设、统一调度,以充分发挥路网作为国家基础设施的重要作用;三是"运与运分离",即打破铁路运输经营的垄断,做大做强三大专业运输公司,同时将举办若干小、专、精的各类社会资本广泛参与的运营企业,充分放开竞争性业务,使这些企业在充分竞争的条件下提供更加优质高效的运输服务。

4.1　"网与运分离"的必要性分析

　　笔者认为,在网运合一的条件下,政府与铁路企业界限不清、公益性与经营性界限不清、铁路运输市场缺乏竞争、社会资本难以进入、中长期债务难以处置等一系列深层次问题均难以取得根本性解决,而"统分结合的网运分离"能够合理处理好"路网宜统"与"运营宜分"之间的关系,其必要性主要体现在(但不限于)以下几点。

4.1.1　铁路国家所有权政策的必然要求

在铁路行业进行深层次的政企分离，对国有资产分类管理、国有经济战略布局调整以及国家所有权政策的实施等国家经济宏观调控方面具有深远意义。

1. 促进国有资产分类管理

改革开放 40 年来，国有企业改革已取得很大进展，但仍有不少问题有待进一步深化，如国有经济布局调整不到位、国有资产管理体制不健全等，这些问题的存在，很重要的一个原因就是在顶层设计中对国有企业分类不清。国有企业有共同的地方，但身处不同行业，存在很多差异，这就有必要从宏观方面予以分类，按国企的不同定位使改革措施更具针对性。

"十二五"规划纲要提出，探索实行公益性和竞争性国有企业分类管理。中共十八届三中全会通过的《中共中央关于全面深化改革若干重大问题的决定》（以下简称"《决定》"）提出，准确界定不同国有企业功能，并提出一系列国有企业在分类分层改革与监管方面的新论述。可见，实行国有企业分类管理已成为国企改革的一个重要趋势，即根据企业属性、产业特征和发展阶段，按公益、功能、竞争三个类别对国有企业赋予不同的目标和管理模式，实行分类管理。

按照《决定》要求："国有资本加大对公益性企业的投入，在提供公共服务方面做出更大贡献。国有资本继续控股经营的自然垄断行业，实行以政企分开、政资分开、特许经营、政府监管为主要内容的改革"。针对个别央企业务较杂的局面，可以通过合并下属公司同类型业务的形式，推进中央企业兼并重组，然后在此基础上对国企进行分类。

而目前铁路行业正处于业务较杂的局面，功能使命界定不清，进而导致诸多深层次问题的出现，因此，具有更多公益性的路网基础设施和具有更强竞争性的运输经营业务应予分开，以便于实施分层定位、分类管理，故有必要对铁路目前的网运关系进行调整。

2．促进国有经济战略布局调整

铁路在我国政治、经济、军事、文化等领域有着重要的地位。国家必须拥有铁路和有效地调控铁路。但历史已经证明，国家直接经营铁路运输的模式已不适应市场经济的现实，其中的矛盾和摩擦日益突出。实行"统分结合的网运分离"是解决这一矛盾的有效途径。

在客货运公司从现有企业分离出来走向市场之后，线路、桥梁、隧道、站场信号和供电等基础设施，共同组建一个国家独资（或控股）的路网公司。这就使国家不仅在价值形态上，而且在实物形态上拥有铁路网，保证国家有效调控铁路。国有的路网公司，是国家直接干预的企业，更便于实现某些社会政策目标，充分体现国家产业布局政策，弥补市场本身的缺陷。同时，建设和完善中国铁路网需要巨大的资金投入，在目前非国有资本还没有能力或者不愿意参与铁路路网建设的情况下，在一段较长的时间内，铁路建设资金的主要来源仍为国有资金[4]。

对客货运公司来讲，分离出来的过程也是资产负债重组的过程。由此，它们可以适度地摆脱历史债务负担。更为重要的是，经过重组，可以把运输企业做大并产生规模效益。网运分离后，运输企业可以集中精力专职运营，不再承担基础设施的建设和管理，为提高经济效益创造了有利条件。运输企业还可以到国内外资本市场上融通资金，使企业的股本结构和债务结构多元化、合理化，有利于建立现代企业制度；同时，资本扩张还可推动客货运输的技术创新和技术进步，增强企业的市场竞争能力，走上良性发展的轨道。这种发展模式，也同样反映了国家对国有经济战略格局调整的要求。

3．促进铁路国家所有权政策的实施

国家所有权政策是指有关国家出资和资本运作的公共政策，说明国家投资兴办企业或出资的目标和领域、国家在国有企业公司治理中的作用方式，以及与国有资本有关的重要关系的处理原则和处理国有企业与社会、与其他企业关系及规则的基本政策。国家所有权政策是国家作为国有资产所有者要实现的总体目标，以及国有企业为实现这些总体目标而制定的实施战略。

近年来，新一轮国企改革的大幕逐步拉开。党的十八届三中全会进一步明确了我国公有制经济的主体地位，即要求国有经济起主导作用，不断增强国有经济的活力、控制力、影响力。制定国家所有权政策被认为是深化国企改革的必要手段。国家应对铁路等关系国计民生的具有自然垄断性质的行业保持直接的所有权和控制力。

我们在"铁路改革研究丛书"的《铁路国家所有权政策研究》中认为，铁路路网领域的国有资本在发挥铁路的重要经济社会作用方面具有关键的引领作用，应要求路网领域的国有企业从国家和人民的利益出发对铁路行业进行掌控；而铁路运营领域不存在或者很少存在市场失效，市场可以自行实现资源配置，所以不需要国家过多的干预。

我国铁路目前网运合一的管理体制不具备国家所有权政策实施的条件，而铁路是国有资产重要组成部分，自 2014 年以来，已连续四年保持每年 8 000 亿元以上投资规模，行之有效的监管和激励政策是必不可少的。只有当统分结合的网运分离实施后，铁路系统内部形成多个国有资产控股企业，才可能建立起现代企业制度，促进国家所有权政策的实施。

4.1.2　充分发挥市场竞争优势的需要

客货运输服务作为非自然垄断业务，应具有充分的市场开放性和竞争性。但是，我国铁路拥有庞大的路网与众多配套的基础设施，且多为沉淀资本，并在规模收益等方面明显的自然垄断特性，这些特性决定了路网很难作为竞争主体参与市场竞争，也很难有竞争对手存在。

网运分离可以对部分市场主体降低铁路运输运营成本，从而增强市场竞争优势。目前，在我国从事铁路运输生产的中国铁路总公司及其下属路局（集团公司）除了要做好日常的运输生产服务工作外，还承担着全国绝大多数铁路线网的建设和维护任务。特别是近年来，铁路网建设全面加速，铁路投资保持在每年 8 000 亿元以上。巨大的路网建设和维护成本对铁路运输企业而言无疑是巨大的负担，且当前我国铁路运输公益性较强，铁路运输利润率较低，相比较于其他行业投资资金回笼更慢、回报周期更长。另一方面，我国铁路长期以来一直实行全路统收统分的财务管理体制，企业很难实行独立完整的成本核算，其经营管理体制与其他运输企业在经营条件上的巨大差异使运输企业在成本收益核算中各种矛盾相互交织，成为铁路经营管理中的一道难题，一直未能解决[31]。

以上因素都在很大程度上削弱了运输企业专心从事运输生产业务的能力，降低了员工参与运输生产、研发多元化运输产品的活力和动力。若实施"统分结合的网运分离"，客货运输企业减轻了基础设施建设维护所带来的巨大成本负担，从而企业成本构成发生明显变化。在减少了基础设施给企业带来的成本压力后，铁路运输企业可以专心研究运输产品本身，为旅客和货主提供更人性化、更具特色的专业服务，并且能够与公路等运输方式在平等的基础上进行竞争，增强铁路在运输市场上的竞争力。

除了通过降低运营成本来增强竞争优势外，在铁路运输市场上引入网运分离还有利于充分竞争。在目前网运合一的条件下，仅有铁总下辖的十八个铁路局集团公司及三个专业公司具有承运人资格，铁路运输领域内部几乎没有充分的竞争机制，这不符合市场经济的本质要求和客观规律。

"统分结合的网运分离"有利于强化铁路运输市场竞争，旨在为社会资本参与铁路运输服务创造更多、更好的条件，鼓励各类社会资本举办众多小、精、专的运营公司，并以强化竞争、提高效益为第一目标。发挥了路网的自然垄断优势后，客货运输市场能自然形成竞争助推效益的良好态势，市场会淘汰经营不佳的客货运输公司，保留下来的各类小、精、专公司会有独具特色的优势来吸引、维系广大旅客和货主，参与全社会运输竞争，进而逼迫路网公司不断提升运输组织效率，从而带动整个行业进入良性互动。

客运和货运公司的成立将打破目前区域结构所产生的限制，它们的经营权责相对独立且明确，而各大运输公司从非企业职能和非经营性资产中抽离，突出核心业务，使得资产负债结构更加合理，从而使运营商能够自主经营、成本自主控制、自负盈亏，多元化投资等，非常有利于建立现代企业制度。同时，对存在亏损的公益性运输线路来说，可采取政府购买或财政补贴等手段弥补亏损，从而使客货运输公司变成真正意义上的市场竞争主体[32]。客运和货运公司有明确的产权关系、合理的资产负债结构，能够独立承担法人财产投资的权力和责任，并进一步加强自筹资金进行技术改造和创新的意识和能力，以更好地利用资本市场加快发展的步伐。

运输企业在运输市场上不仅具有替代性竞争，而且在行业内部也具有竞争。一方面，运输企业可与在同一运行线上从事旅客和货物运输的不同公司进行竞争；另一方面，线网建设和维护企业可通过路网公司公开招标，铁路建设项目、线路等基础设施的保养和维修可在竞争氛围中实施，并通过政府监管，有效规范企业行为。为在市场竞争中立于不败之地，广大客货运输公司必须有特色、重服务、求效益，这对引入竞争机制、优化资源配置、提升行业品质具有重要意义。

4.1.3　根本解决铁路深层次问题的需要

1.“统分结合的网运分离”有利于实施彻底的政企分开

目前中国铁路总公司虽然在名义上是大型国有企业，但是仍然承担着相当多的政府职能，政企权责界限不清的问题还在一定程度上存在，铁路系统公益性与商业性不分的问题十分突出。这不仅导致铁路社会效益和经济效益难以各得其所，而且还会使得铁路企业缺乏提升自身效益的积极性和主动性，难以适应不断变化的运输市场。

若实施“统分结合的网运分离”，则可进一步促进铁路领域的政企分离：（1）国家铁路局将做好整个行业规范管理，进一步加强行业监管、检查监督运输安全；（2）由中国铁路总公司剥离运营业务而形成的路网公司将在国家控股的前提下引入各类社会资本，其主要业务包括两部分：一是负责铁路基础设施的建设与维护；二是向各类运营公司出售列车运行线并实现其安全正点运行，以充分发挥铁路网络的自然垄断优势；（3）按照现代企业制度组建的各类客货运公司主要负责具体的客货运业务，按照市场经济的要求进行公平竞争，并且加强企业管理，努力提升服务，创新运输产品，实现自主经营。

深层次的政企分开,意味着铁路运输公益性与经营性更加明确的分割。(1)由国有资本控股的路网公司,专心从事路网规划建设、运输调度,从而充分发挥国家基础设施的作用,为各运营公司的客货运业务提供无歧视的路网承载服务,即路网应"以公益性为主,兼顾商业性",其公益性应通过国家低息或无息贷款、财政转移支付等方式予以补贴,即以交叉补贴为主;(2)运营类公司将在充分的市场竞争条件下自主经营、自负盈亏,主要体现出经营性,可通过财政补贴的形式吸引运营公司提供部分公益性运输产品,即以"直补""明补"为主,避免目前公益性补贴主体不明确、额度不合理等现象。

2."统分结合的网运分离"将吸引社会资本分类进入铁路领域

对社会中存在的众多小型民营资本而言,要想进入铁路运输市场,必须以网运分离作为前提条件。我国众多社会资本一般具有主体分散、规模较小、数量众多的特点,而铁路建设具有建设投资大、回报周期长的特点,众多社会资本不具备大型国有企业的资金实力,在短时间也很难得到回报,这就造成了社会资本不愿也无法进入铁路领域,成为限制社会资本进入铁路的瓶颈。

国家已经意识到加快铁路建设不能只靠国家投资"单打独斗",要拿出市场前景好的项目和竞争性业务吸引民间资本的共同参与,通过创新融资方式、丰富多元投资主体,为铁路发展注入新动力。深入推进铁路投融资体制改革,进一步鼓励和扩大社会资本投资建设铁路,一直是近几届政府的重点工作之一,特别是 2013 年 8 月国务院印发《关于改革铁路投融资体制加快推进铁路建设的意见》,更是体现了吸引社会资本投资铁路的紧迫性。尽管目前我国铁路每年有超 8 000 亿的投资,急切需要社会资本的进入,国务院和中国铁路总公司也出台了多项鼓励社会资本进入铁路的指导意见,但都收效甚微,仍难以激发资本市场投资铁路的活力和动力。纵观近年来社会资本投资铁路的案例,不缺枚举的项目,却难以寻觅较为成功的典范。

笔者认为,这与我国铁路现在网运合一的经营管理体制有很大关系。一方面,在"网运合一"体制下的铁路总公司及其下属路局(公司）在竞争中既扮演裁判员又扮演运动员的角色，往往出现社会资本投资铁路相当于"打水漂"的现象，不仅难以营利，甚至无法收回投入资金，这对社会资本来讲是明显的不公平竞争；另一方面，目前铁路"网运合一"体制下铁路建设融资规模（一般都在百亿以上）与社会资本规模（上百亿的社会资本极少）不匹配，造成社会资本难以进入铁路的困境。虽然铁路运营是可以完全放开的竞争性业务，但由于路网的巨大沉淀成本阻碍了外部潜在性企业的进入，运营也伴随着路网的自然垄断而高度垄断，铁路产业形成长期自然垄断[33]，十分不利于社会资本投资铁路。因此，有必要将运营从路网的制约中剥离出来，打破现有的运营跟随路网被迫垄断的局面。

网运分离后，庞大的铁路基础设施建设和维护将由国有资本承担，为众多规模较小的社会资本进入运营市场创造条件，使客、货运输公司真正成为符合市场经济要求的竞争主体。机车车辆与列车运行线的使用费用成为剥离后运营者的运输生产固定成本，并且该成本在整个成本结构中所占的比重很小，从而降低了其资产沉淀性和生产专业性，资金投入的回报周期也相应缩短，这将有效消除社会资本进入铁路的障碍和顾忌，增加运输服务的可竞争性，逐渐弱化甚至剔除运输服务自然垄断的特征，进而形成良性的行业竞争生态。

实施"统分结合的网运分离"之后，可吸引不同类别的社会资本分类投资铁路领域：（1）主体较为集中、实力雄厚、风险厌恶型的国有资本可投资铁路路网来获取比较稳健的投资收益；（2）主体较为分散、个体规模较小、风险偏好型的社会资本可进入运营领域，主要从事运输经营，资金回报周期短、预期收益较高。

3."统分结合的网运分离"将充分发挥混合所有制的优势

中共十八届三中全会以来，混合所有制改革被提到了前所未有的高度[34]。对于铁路企业而言，在逐步进行统分结合的网运分离过程中，也将逐步建立起混合所有制下的现代企业制度，进而有利于发挥混合所有制经济的优势：（1）路网业务具有国家基础设施的特点，可在国有资本控股确保国家对路网拥有控制权的前提下，以包括国有资本在内的各类社会资本参股的形式实现混合所有制；（2）运营业务是具有充分竞争性的业务，可以包括国有资本在内的各类社会资本独资、参股或控股的形式实现混合所有制。

4．"统分结合的网运分离"为有效处置铁路中长期债务问题创造条件

目前，铁总整体面临债务规模大、负债率高、债务规模加速扩大的巨大挑战。铁总 2014 年底至 2017 年还本付息分别是 2 157.39 亿元，3 301.84 亿元，3 385.12 亿元，6 203.35 亿元，5 405.07 亿元，其中仅利息支出分别高达 535.33 亿元，629.98 亿元，779.16 亿元，752.16 亿元，760.21 亿元。基于统分结合的网运分离为社会资本进入铁路解决中长期债务问题创造了有利条件。对于路网类资产，可在确保国家控股的前提下，将其部分社会化；对于运营类的铁路资产，可将其绝大部分（或全部）社会化。上述国有资产产权流转而获得的收益可全部或部分用来偿还铁路中长期债务。因此，铁路负债的急剧增加伴随着大量铁路优质资产的形成，在实施统分结合的网运分离的条件下，通过"债转股"等形式可盘活大量优质的国有铁路资产，并有效解决铁路中长期债务问题。

4.2 "网与网统一"的必要性分析

"统分结合的网运分离"的方案，除了强调路网与运营之间需要分离之外，也强调网与网之间、运与运之间的关系。其中，笔者坚持全国路网必须保持"一张网"的统一性。

4.2.1 路网统一是保证运输安全的基础条件

统一的铁路路网在保证运输安全方面具有基础性作用。我国铁路运营范围辽阔，跨区域开行列车的情况十分普遍，因此需要统一的技术标准以保证运输安全。我国已形成由既有铁路、重载铁路、高原铁路以及高速铁路技术标准体系组成的铁路技术标准体系。但如

果路网分割为多个区域性公司，虽然技术设备标准可由国家铁路局统一制定，但是行车组织标准却由各区域公司分别制定，极有可能导致行车技术条件相同而各区域性公司的行车组织办法各不相同，这种情况对于跨区域开行列车具有极大风险；而在路网统一的条件下，机车车辆、工务工程、通信信号、行车组织等方面均由路网公司按照有关技术标准统一协调，提高技术标准体系的整体性，从而为运输安全提供基础条件。同时，也提升了整个铁路系统遇到突发事件的应急处置能力。

4.2.2　路网统一是提高运输效率的前提条件

目前，我国铁路采用的是中国铁路总公司（2013 年 3 月以前为铁道部）、铁路局（集团公司）、站段的三层管理体制，各个区域性铁路局（集团公司）在中国铁路总公司的统一管理下负责本路局管辖范围内铁路线路、机车车辆、客货运车站、列车运行等的日常经营管理与调度指挥工作。在这种经营管理体制下，全国存在约 90 个铁路局局间分界口。

数量众多的分界口破坏了铁路网的整体性，极大地损害了整个路网的运输效率。中国铁路总公司根据每日 18 时现在车数量对所辖各铁路局进行严格考核，并征收货运车辆使用费（如 2013 年该费用标准为 105 元/现在车辆日，现行标准为 136.8 元/现在车辆日）。以上清算机制对提高货车周转效率具有积极意义，但同时也造成各铁路局在每日 18 时之前消极接入相邻铁路局的列车，客观上造成了每日 18 时之前大量货运车辆拥堵在众多的分界口附近，其结果必定造成资源的巨大浪费，并且会影响干线畅通，降低运输效率。笔者通过调研，2013 年前后各铁路局在每日 18 时之前拥堵在各个分界口的货运车辆可能达到 3 万 ~ 5 万辆，几乎占到当时全国铁路每日运用车保有量的 8%。可见分界口已经成为限制铁路畅通的重要因素之一。

从上一阶段铁路改革中撤销铁路分局的做法中也可以看出减少分界口对提高路网运输效率具有重要意义。2005 年 5 月，我国撤销所有铁路分局，在货物平均运距基本保持不变的情况下，货车周转时间明显缩短。可见，减少分界口数量使每日 18 时现在车统计的考核对铁路畅通的影响大大减小，从而提升了路网的整体性，对于提高铁路运输效率具有明显的推进作用。因此，进一步减少局间分界口数量而获得更多的路网统一性，对于提高整个路网运输效率具有重要意义。

除此之外，由于铁路基础设施投资巨大，坚持路网公司对铁路基础设施实行统一建设管理，能够优化铁路运输能力资源配置，合理规划新建基础设施，科学优化既有基础设施，从供给侧角度促进资源的高效利用。从统一调度指挥的角度，坚持路网公司的统一调度指挥，还能够合理调整铁路运输生产力布局，保证铁路运输的平稳有序和畅通高效，从而缓解目前我国铁路运输存在的供给与需求之间的矛盾。

我国疆域辽阔，跨区域、长距离的客货运输需求较多。只有保持铁路路网的统一和完整，这些运输才能更加高效地进行。根据我国国情与路情，我国铁路路网虽然规模庞大、线网复杂，但却具有密度小、承载能力低、布局不平衡的缺点。这些缺点决定了不宜对其进行分拆，否则容易破坏其整体性，降低整体效能。同时，路网具有明显的网络经济性，即路网规模的扩大，将提升铁路运作的空间，这将有利于铁路更好地调节各线路的负荷，提高整个网络的能力利用程度和利用效率，也提高了消费者实现运输服务消费的稳定性和灵活性[1]。

4.2.3 路网统一是确保公平竞争的首要条件

路网和众多配套设施作为铁路行业的基础设施，应由一个规模庞大、实力雄厚的国有企业集中统一规划、建设与管理。路网统一能够更好地发挥出铁路行业各类基础设施服务于全社会的功能，因而是确保公平竞争的首要条件。

铁路作为国家重要的基础设施，只有通过成立一个全国统一的路网公司才能为广义上的各类社会资本（包含国资、民资）举办的各类运营企业营造公平的竞争环境。路网公司将负责铁路路网等基础设施的建设、维护、运营，为所有参与市场竞争的运营主体提供基于路网的无差别服务，是维护市场公平竞争的首要条件，有利于充分发挥路网运输能力，减少行业内的利益冲突，吸引社会投资，充分发挥其基础设施的服务职能，进而在整个行业形成良好的竞争生态，促进行业内部资源优化。

4.2.4　路网统一是维护国家安全的重要保障

我国铁路作为国民经济大动脉，不仅发挥着不可替代的稳边富边、抢险救灾等作用，也是军事运输的重要手段，对保障部队建设、作战、演习和训练具有重大作用。近年来，我国大批高速铁路相继开通运营，新疆、西藏及西南边陲也修建了大量的铁路线，对保障国防建设、捍卫国家安全起到了不可替代的作用，为人民解放军在战时保卫国家安全提供了更加有效的战略支撑。有关军事专家曾表示："现代化战争条件下调兵遣将速度第一。高铁的系统化运作，极大方便了军事调动，扩大了战略机动范围。中国高铁网建成之后，战略机动部队都可以随时调动，可以凭借高铁朝发夕至[35]。"

如果我国铁路经营管理体制改革采纳区域分割方案，那么各区域铁路公司出于自身利益可能会针对路网基础设施或运营活动制造出新的运输壁垒，轻则加剧铁路内部的矛盾，重则造成路网基础设施的破坏和运输活动的混乱，威胁到国家安全。完整的路网设施能够更好地完成国家宏观调控任务，能够更高效地保障国家重点物资运输、军事运输、抢险救灾运输等需要，确保广大人民群众正常的生活质量，维护社会稳定。

因此，充分结合我国国情与路情，建立我国铁路路网及基础设施的统一管理机制，实现路网统一，不仅能够保证运输的安全与高效，有效避免其自然垄断性对运输业务的制约作用，在自然垄断产业服务市场上产生激烈的竞争，而且还有利于保持国家对铁路的控制权，符合铁路在我国国民经济生活与国防安全中发挥战略性地位的特征。

4.3　"运与运分离"的必要性分析

在"统分结合的网运分离"方案中，实现网运分离后，要进一步打破运营市场的垄断，最后形成一个开放竞争的铁路运输市场环境。

社会主义市场经济具有平等性、竞争性和开放性等一般特征，市场应该在资源配置中起决定性作用。根据世界主要国家铁路改革实践经验可以看出，不论哪种改革模式，其目标无一例外的是使铁路企业能够走向市场、参与竞争，不断提高运营效率和经济效益。

中共十八届三中全会通过的《决定》指出，对自然垄断企业应"根据不同行业特点实行网运分开、放开竞争性业务，推进公共资源配置市场化，进一步破除各种形式的行政垄断"。有中共十八届三中全会以来，上述重要理论创新成果正在电力、通信、能源等领域逐步得到实践，但是却难以在铁路领域发挥作用，这在很大程度上归因于铁路目前网运合一的经营管理体制。

铁路路网与运营的高度融合是当前铁路网运合一经营管理体制的重要特征，并带来两个方面的重要影响：一是中国铁路总公司路网规模庞大并拥有调度指挥权，形成事实上的体制性壁垒，进而成为阻碍民营资本投资铁路运营领域的"玻璃门"；二是中国铁路总公司职能过多、决策链条过长，难以对市场需求做出及时而准确的响应。

在上述背景下，缺乏竞争的严重后果正在铁路运营领域逐步显现出来。2013年以来在全社会全方式货运量不断增加的有利条件下，公路与铁路两种主要运输方式的表现却出现较大差别：公路运输不仅货运量持续快速增加，而且各种创新形式不断涌现；而铁路在2013年提出"货运组织改革"、2015年提出"推进铁路向现代物流转型发展"之后，铁路货运量与市场份额却在持续下降。随着经济形势回暖，煤炭、钢铁等运输量增加，2016年8月铁路货运完成日均运量900万吨，自2013年12月以来，铁路货运首现同比增长。货运回暖主要由于下半年煤炭限产力度加大，生产企业补库存欲望强烈，加大了煤炭采购量和运输量。冬季采暖等季节性因素也使煤炭需求大幅上升，部分货源转向铁路运输，但铁路市场份额仍然不高。

因此，只有将铁路运营从网运合一的体制之中分离出来，各类社会资本进入运营领域形成数量众多的运营公司，才能形成竞争机制并充分满足运输市场对竞争的需求，使运输服务更贴近市场需求。

4.4 "统分结合的网运分离"可行性分析

4.4.1 政策可行性分析

以中共十八届三中全会通过的《中共中央关于全面深化改革若干重大问题的决定》(以下简称《决定》)为标志,全面深化铁路改革已经站在新的历史起点上。面对铁路现代企业制度、混合所有制、投融资改革等全新问题,迫切需要站在新起点上加以重新思考与顶层设计。《决定》中明确提出,"国有资本继续控股经营的自然垄断企业,实行以政企分开、政资分开、特许经营、政府监管为主的改革,根据不同行业特点实行网运分开、放开竞争性业务,推进公共资源配置市场化,进一步破除各种形式的行政垄断""积极发展混合所有制经济""推动国有企业完善现代企业制度""国有资本、集体资本、非公有制资本等交叉持股、相互融合的混合所有制经济,是基本经济制度的重要实现形式"。这些重要论断,对新时期全面深化铁路改革具有重要的指导意义。

2013 年国务院颁发的《关于改革铁路投融资体制加快推进铁路建设的意见》(以下简称《意见》),为实施铁路投融资改革和加快铁路发展提出"一揽子计划"。《意见》指出,为确保在建项目的顺利推进,投产项目如期完工,新开项目抓紧实施,全面实现"十二五"铁路规划发展目标,提出六项意见:包括推进铁路投融资体制改革,多方式多渠道筹集建设资金;完善铁路运价机制;实施过渡性补贴;盘活铁路用地资源等。

此外,中共中央、国务院和相关部委先后发布了《中共中央国务院关于深化国有企业改革的指导意见》等多份指导文件,关于国有企业改革文件出台的速度和力度超出以往任何时期。随着国企改革步入深水区,要啃的都是硬骨头,加之严峻的国内外经济形势,决定了全面深化铁路改革难以一招定乾坤,需要打出一套组合拳。

2016 年,围绕党中央、国务院印发的关于深化国有企业改革的指导意见,多项改革措施稳步推出、深入推进。2016 年 10 月 10 日,中央召开全国国有企业党的建设工作会议,部署加强和完善党对国有企业的领导，加强和改进国有企业党的建设，习近平总书记强调，坚持党对国有企业的领导是重大政治原则，必须一以贯之；建立现代企业制度是国有企业改革的方向，也必须一以贯之；加快推动中央企业结构调整与重组，完善中央企业功能分类考核，加快剥离国有企业办社会职能和解决历史遗留问题；稳妥有序地推进混合所有制改革，在电力、石油、天然气、电信、铁路、民航、军工等领域开展首批混改试点；推动钢铁、航运等领域国有企业兼并重组；推动电力、盐业、石油天然气等行业改革；完善中央国有资本经营预算支出管理办法。以上的一系列举措既注重问题导向又着眼于制度创新，既注重厘清权限又讲究有收有放，呈现相互配套、整体一盘棋推进的态势。

2016 年国家发改委下发的《关于调整铁路货运价格进一步完善价格形成机制的通知》中提出，将基准价由平均每吨千米 14.51 分钱提高到 15.51 分钱，允许适当上浮，上浮幅度最高不超过 10%，但下浮的幅度不限。《关于放开部分铁路运输产品价格的通知》也明确规定铁路散货快运价格、铁路包裹运输价格以及社会资本投资控股新建铁路货物运价、社会资本投资控股新建铁路客运专线旅客票价，交由铁路运输企业自主决定。

综上所述，中共中央、国务院和相关部委针对国有企业改革出台的一系列方针和政策，为全面深化铁路改革营造了良好的环境，也为放开运输市场竞争、引入社会资本投资铁路创造了有利的条件，铁路网运关系调整具备政策可行性。

4.4.2　技术可行性分析

1. 产业环节的可分性

产业环节的可分性是决定自然垄断性行业引入竞争的改革能否实现的技术条件，是引入竞争的基础。对同一产业的不同性质业务实行区别对待才能实现有效竞争[32]。通过改革引入竞争不仅可以在弱自然垄断或自然垄断程度小的网络产业中进行，在强自然垄断的网络产业中也可以通过分离产业环节来进行。

铁路行业中，路网部分主要由轨道、路基、桥梁、隧道、车站等建筑物以及通信信号、供电设备等其他辅助设备组成，沉淀性高，网络经济性强，属于强自然垄断业务，而其他的客、货运输业务等则是弱自然垄断业务，可竞争性强。尽管路网部分中的基础设施与客货运输生产之间存在复杂的关系，但并不意味着铁路基础设施和客货运输两者之间存在必然的一体化。随着运输市场需求的日渐多样化以及信息技术在铁路中的广泛应用，铁路基础设施建设维护和日常客货运输业务相互分离的可能性和必要性都大大提升。

相对于线路等基础设施的非移动性和连续性而言，铁路客货运输的相对独立，可以较好地适应市场的激励机制，同时促使市场在生产成本控制方面的优势得以发挥。在把路网部分分离出来以后，剩下的固定成本主要由机车车辆的购置成本及路网的使用费共同构成，相比于由职工工资、燃料费、列车维修费等构成的可变的费用来说，固定成本在整个成本结构中所占的比重并不大。由于市场的新进入者可以租用机车车辆和中标后可以接管原有的职工队伍，也使得铁路运输部分的资产沉淀性并不高。铁路运营的这一特性降低了因需要大量资本和专业技术人员而引起的市场进入障碍，使得该部分具有可竞争性[32]。

2．调度指挥权的可统性

目前，我国铁路系统在路网上主要采取"客货混运"方式组织运输，实行铁路总公司、铁路局（集团公司）、基层站段构成的三级管理体制，形成铁路总公司设调度处（调度指挥中心），铁路局（集团公司）设调度所（总调度室），技术站设调度室的三级调度指挥机构的局面。根据分级管理、逐级负责、统一指挥的原则，铁路总公司调度处、铁路局（集团公司）调度所、技术站调度分别掌管全国铁路、铁路局和车站的日常运输组织指挥工作。其中，铁路总公司调度处是全路运输日常计划的编制与分解机构，铁路局调度所是直接指挥列车运行的，各站段调度室是具体执行者[36]。

待路网公司组建后，可参仿民航空管局的做法，整合目前所有行使调度职责的机构，组建路网公司调度子公司作为专门调度机构，继续依照现有的三级调度指挥模式对全国铁路列车运行、车站运转以及客运、车务、机务、车辆、工务、电务等部门进行统一调度，保证运输任务的有序高效完成。

4.4.3 经济可行性分析

"统分结合的网运分离"的经济可行性主要表现为交易费用的降低和改革成本的节省。

1．交易费用

新制度经济学的鼻祖、诺贝尔经济学奖的获得者罗纳德·哈里·科斯认为协调社会关系和配置资源的方式分为外部分工和内部分工两种：外部分工是指在企业外部，由价格机制通过市场交易来协调；内部分工是指在企业内部，通过管理来协调。这就构成了市场交易和企业内部交易两种不同的交易方式，这两种方式都需要费用或成本，其和就是企业需要承担的总交易费用。科斯还认为企业和市场存在相互替代的关系，企业本身就是一种制度，企业的存在就是为了以内部交易来替代部分外部交易从而节约交易费用[37]。

现实世界的交易不可能全部由市场来完成，也不可能全部由企业来完成，而是在市场和企业之间保持一种均衡，当处于均衡点时，总交易费用最小。人们可以通过调整这种比例关系直至达到均衡点来实现总交易成本的最小化，进而实现资源的最佳配置，创造企业运行的最高效率。企业专业化程度就意味着企业市场交易的增多，一体化程度高则意味着企业内部管理的加大。因此，企业选择专业化还是选择一体化，在很大程度上决定了企业选择市场交易还是内部管理；铁路要不要进行改革重组；是横向分割还是纵向分离，实质上就是选择以专业化为主的组织结构，还是选择以一体化为主的组织结构[37]的问题。

目前，我国铁路的运营管理体制为网运一体化模式，存在明显的一体化问题，主要表现为：

（1）企业和政府行为并行的垂直一体化；

（2）移动型运输设备和网络型基础设施统一经营管理的横向一体化。长期以来，实行按地区设置路局，路局与路局是在铁路总公司统一领导下的"兄弟单位"式的协作关系，企业主体间应有的市场交易协作方式实际上难以体现，路局之间更多的是内部协调，而非市场协调，相互之间无需通过竞争来提高服务质量。一个路局的列车使用，另一个路局管辖范围内的铁路线路，采取内部交易的办法或者无偿使用，企业的边界实际是模糊的，这时企业行为和政府行为并行。

这种严重一体化的后果主要体现在三个方面：

（1）弱化了市场交易的功能，使市场交易和企业内部交易的比例远离了均衡点，出现很高的企业一体化费用即内部交易费用，造成铁路总交易费用包括管理成本居高不下；

（2）由于企业的边界模糊，导致成本实际上很难控制住，测算起来也十分困难，而且几乎不可能；

（3）一体化还导致了市场壁垒的出现，一方面铁路难以走向市场；另一方面路外的行业和企业难以进入铁路。

由于严重的横向一体化，路局之间是内部关系为主而非市场关系为主，这样必然需要铁路总公司出面协调各路局之间的关系，各个铁路局集团公司并不具备完全的市场自主性。因此，利用"网运分离"对铁路进行深度的专业化改造来降低交易费用，巩固铁路扭亏成果，同时也为铁路企业成为真正的市场主体，加快走向市场创造的条件。

"网运分离"的实质是通过专业化改造降低一体化的比例，降低一体化的同时必然是提高专业化经营与管理。一体化的铁路企业可能节约了交易费用，但由于管理机构庞杂，责权不明确，容易滋生非效率，增加政府财政支出，这种非效率损失甚至会远远大于交易费用的节约。如果能够通过引入"网运分离"提高资源配置效率，所获得的收益将会远远大于增加的交易成本。正因为交易费用的总和会减少，所以"网运分离"在经济上是可取的[31]。

2．改革成本

任何改革都要付出成本，实现改革目标的同时避免改革过程中可能出现的混乱局面，即是寻求最优的改革路径问题，本质上即是寻求最小的改革成本。根据科斯关于市场交易和内部管理的均衡关系我们可得出如图 4-1 所示的坐标，考察改革成本与时间的变化关系。在坐标图上存在两条曲线：① 曲线 a 表示因变革的"破坏"作用导致的费用，假设 $d_a/d_t < 0$，说明 a 随时间推移逐渐降低，因为改革越剧烈，"破坏"作用越大；② 曲线 b 表示因延误改革进程而导致的收益损失，即不改革的机会成本，假设 $d_b/d_t > 0$，说明 b 随时间推移逐渐增加。理论上曲线 a 与曲线 b 存在一个交点 t_0 对应着改革的最小成本 c_0，t_0 应是改革的理想时机，因为这一点对应的总费用即改革的最小成本[31]。

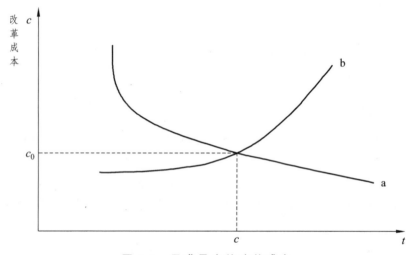

图 4-1　寻求最小的改革成本

"十三五"期间已迎来全面深化铁路改革最佳时间窗口。① 中共十八届三中全会通过了《关于全面深化改革若干重大问题的决定》，"市场在资源配置中期决定性作用""混合所有制""网运分开"等论断为全面深化铁路改革提供了行动指南；② 铁路发展所需人员增量正好用来消化铁路改革所需调整的人员减量。这会减弱甚至消除改革带来的人员安排压力；③ 电力、通信等行业的全面深化改革取得了很好的成果，特别是通信领域成立铁塔公司的共享竞合模式，已经成为国企改革重组的三大范式之一，而国外铁路"上下分离"或"分割、民营化"

改革，都为中国全面深化铁路改革提供了经验借鉴；④ 当前铁路面临的一系列深层次十分突出的问题，倒逼铁路系统内部改革的呼声日益高涨，这是全面深化铁路改革的民意基础；⑤ 近年来的铁路发展为铁路改革提供了坚实的物质基础。

此外，李克强总理在 2016 年政府工作报告中提出的"基础设施证券化"为铁路中长期债务处置提供了解法。铁路企业应加强铁路优质资产证券化，盘活现有铁路资产，并以股权流转的形式解决当前一部分债务问题。运营类资产作为竞争性资产，其对应的资产可 100% 流转至社会资本，而路网类资产作为基础设施类资产，在确保国家控股所需 50%+X 股权之外，其余 50%—X 股权均可流转给社会资本，产权流转获得的受益可用来偿还中长期债务。根据国内外运营类铁路上市公司平均市值初步测算，仅运营类资产即可基本覆盖铁路目前约 5 万亿元的中长期债务。

因此，从改革成本角度，建议铁路决策层应早点下定铁路改革的决心，做好前期的顶层设计，稳中求进地推动改革进程，以铁路改革促进铁路发展，以铁路发展保障铁路改革。

4.4.4　社会可行性分析

铁路改革作为一种制度变迁，必然会改变各利益主体的既有收益分配格局。铁路改革需要各方利益群体的支持，利益群体各方绝对受益是最优模式，也是铁路改革取得全社会支持并顺利进行的最佳选择[31]。政府、旅客、货主和铁路运输企业的利润之和为社会总利润，其值越大，说明改革的社会可行性越高。"十三五"期间正是全面深化铁路改革的最佳时间窗口，能够承受改革带来的压力。

目前铁路发展存在社会稳定风险。一是当前稳定风险。铁总 2015 年度还本付息 3 385 亿元，约为当年人力资源成本 1 680 亿元的 2 倍，相当于铁总 210 万职工每人每天还本付息约 442 元，严重侵蚀了职工待遇提高的空间；二是未来稳定风险。如果维持铁路现有体制直至 2030 年远期规划目标实现之后再实施改革，那么我国铁路用工将出现"先急升、后骤降"现象：首先，从 2016 年约 210 万人"急升"为

2030 年约 350 万人，如果职工队伍与发展规模不相适应，必将带来巨大安全风险；然后，从 2030 年改革前约 350 万人"骤降"为改革后约 200 万人，铁路将有 150 万职工面临巨大失业风险。

测算依据如下：

（1）2015 年铁总实现收入合计 9 163 亿元；而当年完成固定资产投资 8 200 亿元，还本付息 3 385 亿元，人力资源成本至少为 1 680 亿元（按铁总 210 万干部职工人均 8 万元计算），三项合计支出 13 265 亿元；收支缺口达 4 102 亿元。

（2）我国铁路目前用工率约为 17.4 人/千米，如要达到 2030 年远期规划目标 20 万千米，需用工约 350 万人。

（3）德国铁路在实施网运分离改革后用工率约为 5.36 人/千米，日本铁路在实施区域分割改革后用工率约为 8.94 人/千米，参考德、日等世界主要国家铁路平均用工水平，并预留一定人员余量，我国铁路用工率可取为 10 人/千米，在达到 2030 年远期规划目标 20 万千米时仅需用工约 200 万人。

在"十三五"期间，铁路发展所需人员增量与铁路改革所需调减的人员数量恰好抵消，有效减弱甚至消除改革带来的稳定风险。

因此，当前倒逼铁路系统内部改革的呼声日益高涨，夯实了全面深化铁路改革的民意基础，相应的在一定程度上提高了社会对改革的承受能力。

除此之外，当前全面深化国企改革的政策环境、关键领域深化改革取得的突破以及国民经济社会发展和铁路快速发展为改革提供的物质基础都使得全面深化铁路改革具有社会可行性。

4.5 "统分结合的网运分离"的前提条件

由于我国经济地理状况、产业结构特征、经济发展所处阶段等方面的独特性和铁路在运输布局、人力资源结构、经营管理体制等方面的独特性，我国铁路改革的复杂程度可能在全世界都独一无二的，在实施网运关系调整的过程中需要做好以下几点前期准备工作[4]。

1．铁路国家所有权政策的明确

鉴于铁路在我国社会经济发展中所具有的特殊地位与作用，以及铁路实行网运关系调整对各方面带来的影响和震动，铁路改革首先需要获得政府的同意与支持，需要在国家所有权政策层面做好顶层设计工作。在今后更长的时间内，政府将铁路行业置于什么样的位置，政府能够在多大程度上履行铁路国有企业出资人职责，并对一些特殊运输提供补贴，这是铁路实施"网运分离"需要明确的基本问题，也是国家与铁路的基本关系问题。

2．铁路改革保障机制的建立

以相关法律体系的建立与完备为例。实施"网运分离"不仅会在铁路内部产生整体性的震动，对整个社会经济发展也会带来重要影响，因此在实施改革前，建立和完善相应的法律法规是非常有必要的。欧洲、日本等国家在实施铁路改革的过程中，出台了很多与此项活动相关的法律，中国铁路实施"网运分离"，建立相应的法律、法规同样是必不可少的，它是改革顺利实施的基本保证。法律、法规应当明确改革各阶段的内容与构成，界定政府与企业行为的界限，明确行业内不同企业的权利与职责，以保证改革的有序进行及网运关系调整后各部分的正常运转。

3．铁路运价机制的建立

以线路使用费的合理确定为例。实行"网运分离"，运营公司需要向基础设施交纳线路使用费。线路使用费的确定是一个十分复杂的问题，它受多项因素的影响。从我国铁路的成本核算技术体系来看，至少在近些年这是一个值得认真研究解决的问题。而且，线路使用费不仅仅是使用线路的成本问题，它还涉及公益性铁路预公益性运输的补偿问题以及不同所有制企业公平合理使用线路产生的相互协调等关系问题。

4．运输市场运行机制的建立

以建立开放机制，在不同竞争主体间分配线路使用权为例。实施"网运分离"的一个重要功能，就是开放铁路运输市场，降低进入和退出市场的难度，鼓励铁路运输业内部的竞争。在开放铁路运输市场的过程中，一个重要的、也是需要认真对待并妥善解决的问题是开放通路权的具体实施。

中国铁路的基本情况与西方发达国家不同，总体来说，铁路的供给（运输能力供给）能力仍然偏小，很多线路仍然是运输需求大于运输供给，在经济繁荣时期大约有 10%～30% 的运输需求得不到满足。因此，中国铁路的能力紧张状况比西方发达国家要明显得多，这在很大程度上限制了为新运营者提供运输能力的可能性。虽然采用经济手段，提高一些线路通路权的价格（包括在不同时间内制定不同的价格）是可能的，但由于竞争者对价格的承受能力的限制（通路权价格升高会导致运价升高，而运价的上升要受到政府控制和市场的制约），这种方法在能力紧张区段似乎并不能从根本上解决问题。于是，在能力紧张区段如何分配线路使用权就成为一个十分重要的问题，这是中国铁路在运能紧张情况下（与西方经济发达国家不同）进行改革需要解决的一个重要问题。

除了合理分配线路使用权以外，运输市场运行机制还包括安全、统一信息等问题。

实施"网运分离"后，进入铁路运输市场的经营者可能比以前增多了，管理与协调成本会比以前增加，如何保障铁路运输安全成为一个重要问题。另外，经营者的增加，竞争手段的多样化，使得信息的准确性及传播同样成为一个重要问题。例如，不同经营者价格的变化，运输时间的变化，服务内容的变化等等，都需要及时传播给消费者，信息的统一、规范管理成为不可忽视的问题。

5．铁路公益性补偿机制的建立

铁路运输生产活动中，存在着大量的公益性运输，包括很多政治和国防需要的运输。铁路公益性是社会各相关主体对铁路运输企业社会性的普遍服务要求，是运输企业服务业务中取得了社会效益但其成本没有得到完全补偿的部分。无论是发达国家还是发展中国家，铁路或多或少地承担着国土开发、消除地区经济发展差距、加强巩固国家统一和民族团结、满足军事需要等非经济性业务作用。通常，铁路公益性所带来的经营收益难以弥补建设成本和运输成本，加上我国目前铁路规模庞大、路网覆盖面积广等因素，我国铁路公益性问题随之不断放大，逐渐成为一个不得不面对的问题。

4.6　本章小结

本章的主要工作如下。

（1）从"网与运分离""网与网统一""运与运分离"三个方面论述统分结合的网运分离的必要性。

（2）从政策、技术、经济、社会等方面分析"统分结合的网运分离"的可行性，并提出改革前需要解决的突出问题。

本章的主要观点为：

（1）我国铁路改革中在路网与运营之间存在着矛盾，即以提高运营效率、保证运营安全为目标，"路网宜统"；以提高运输服务质量、有效融入竞争为目标，"运营宜分"。这种矛盾不仅无法在网运合一的条件下有效解决，而且在政府与企业界限不清、公益性与经营性界限不清、铁路自然垄断、运输市场缺乏竞争等铁路深层次问题上难以取得突破，特别是社会资本难以进入、中长期债务问题严重制约了铁路改革与发展。因此，"统分结合的网运分离"将成为我国铁路现有矛盾的化解方案和深化改革的发展趋势和必然选择。

（2）统分结合的网运分离模式将以国有资本独资或控股的一个大、统、全的路网公司和由各类资本举办的众多小、精、专的运营公司为显著特点。这种模式将有利于促进铁路深层次政企分离，有利于国家所有权政策的实施、有利于国有经济战略布局的调整、有利于国有资产的分类管理、有利于发挥垄断的优势、有利于发挥市场竞争的优势、有利于从根本解决铁路深层次问题,有利于减轻运输企业的成本负担。

（3）"十三五"是交通运输基础设施发展、服务水平提高和转型发展的黄金时期，也是全面深化铁路改革的最佳时间窗口。一个符合市场需求和社会发展的铁路经营管理体制不仅有利于铁路自身深层次矛盾和问题的解决，为交通运输行业发展谋福祉，还有利于新时期全国综合交通运输体系的建设，为出行者提供更加安全、便捷、舒适的出行体验。统分结合的网运分离是铁路改革的必然选择，且具备政策、技术、经济、社会等层面的可行性。

第 5 章

基于统分结合的网运分离:管理体制

　　"统分结合的网运分离"的要点可概括为"路网宜统、运营宜分、统分结合、网运分离",它将打破传统的铁路经营管理体制,明晰政企权责界限,形成众多产权主体多元化、运输经营市场化、经济增长集约化、企业管理科学化的市场经济主体进入铁路行业。本章将论述"统分结合的网运分离"实施后,铁路行业内不同类别或不同领域经营主体的职能划分及管理体制。

5.1　"统分结合的网运分离"职能划分

5.1.1　职能划分原则

　　如何划分网运分离模式下路网公司和运营公司的职能,对网运分离能否取得成效具有重要影响。路网公司具有统一而庞大的路网资源,因而在市场中处于强势地位。因此,路网公司能否以某种形式参与运营,对网运分离能否取得成效至关重要。

　　我们建议在铁路改革的最终阶段,必须严格禁止路网公司以任何形式获得直接从事铁路客货运营业务的资格,路网公司的经营性只能由出售列车运行线的收入来体现(其公益性有政府财政补贴来实现),而不应以任何形式(包括参股或控股运营公司)从事客运、货运来获得,即路网公司的客户只能是铁路客运公司、铁路货运公司或其他运营公司,而不能直接是旅客或货主。

否则，庞大的路网公司在利益驱使下会衍生出众多的有直接共同利益的运营公司，而自己在铁路运输网络上既是"裁判员"又是"运动员"。显然，这些有路网公司参股或控股的运营公司，因其与路网公司有更多直接的共同利益更容易获得潜在的运营优先权，使其他不具备这种关系的运营公司（尤其是其他小的运营公司）处于不利的竞争地位。也就是说，允许路网公司以某种形式获得铁路客货运营资格将有损公平竞争的市场环境。

因此，在进行铁路改革顶层设计时，务必严格禁止路网公司在铁路改革的中后期以任何形式获得旅客和货物承运人资质，迫使路网公司能且仅能服务于运营公司才能体现自己的价值。只有在这种条件下，路网公司才能更加专心地为所有运营公司创造公平合理的竞争环境。我们认为，能否严格让路网公司以任何形式获得客货运营资格是网运分离能否实现并取得成效的关键。

总结 2000 年前后我国铁路"网运分离"体制初步尝试的经验教训，分离后的路网公司与运营公司的职能划分必须加以严格管制。规范有序的职能划分和严格的管控机制对"统分结合的网运分离"能否取得成效具有重要意义。

5.1.2　路网公司的职能

1.国家铁路基础设施的建设维护者

2013 年 3 月，中共十二届全国人大一次会议通过了《国务院机构改革和职能转变方案》，其中写到"为推动铁路建设和运营健康可持续发展，保障铁路运营秩序和安全，促进各种交通运输方式相互衔接，实行铁路政企分开，完善综合交通运输体系。主要内容如下：（1）将铁道部拟订铁路发展规划和政策的行政职责划入交通运输部。交通运输部统筹规划铁路、公路、水路、民航发展，加快推进综合交通运输体系建设。（2）组建国家铁路局，由交通运输部管理，承担铁道部的其他行政职责，负责拟定铁路技术标准，监督管理铁路安全生产、运输服务质量和铁路工程质量等。（3）组建中国铁路总公司，承担铁道部的企业职责，负责铁路运输统一调度指挥，经营铁路客货运输业务，承担专运、特运任务，负责铁路建设，承担铁路安全生产主体责任等。"[38]由此可见，我国铁路路网规划在国家层面上由交通运输部负责管理，在企业层面上由中国铁路总公司具体建设实施。

中国铁路总公司瘦身为路网公司之后，将继续承担路网建设的职责。路网公司作为一家铁路基础设施综合服务企业，主要从事铁路线网等配套设施建设与维护，拥有对线路、桥梁、隧道、信号、供电设备和车站等资产的依法管理权，并负责全网列车统一调度指挥、车站行车作业正常运转；利用国有资本投入、收取路网接入费、银行贷款、资本市场融资、外商投资等多种资金，负责建设与维护路网，同时根据国家铁路发展规划，建设和完善铁路网络，根据客货运输企业要求，加强对既有铁路的养护及技术改造，保证对线路使用的安全，提高运输服务质量[39]。

路网公司还应该是国家铁路基础设施安全的维护者。铁路作为国家命脉，在我国有着不可替代的稳边富边、抢险救灾等重要作用。世界各国也把铁路作为军事运输的重要手段，对保障部队的建设、作战、演习和训练具有重大作用。军事专家黄星曾表示："现代化战争条件下调兵遣将速度第一。"近年来，我国大批高速铁路相继开通运营，新疆、西藏及西南边陲也修建了大量的铁路线，这不仅意味着我国高铁的迅猛发展，将带动沿线经济社会发展，也对保障国防建设、捍卫国家安全起到了不可替代的作用，为人民解放军在战时履行国家安全保卫职责提供了更加有效的战略支撑。完整的路网设施能够更好地完成国家宏观调控任务，能够更高效地保障国家重点物资运输、军事运输、抢险救灾运输等需要，确保广大人民群众正常的生活质量，维护整个社会的稳定和谐。

由路网公司负责我国铁路线路的建设，主要具有以下三点优势：

第一，保障我国铁路线路建设的公益性。由路网公司对我国铁路线路进行建设，可以保障铁路在国防安全、促进国家均衡发展等方面的公益作用。而非完全通过市场的利益驱动来进行资源配置。

第二，保障铁路线路建设的有序与高效。美国铁路发展历史表明，如果没有一个统一的机构负责铁路建设，这将带来巨大的资源浪费：

美国铁路始建于 1827 年，早期一直由私人资本建设发展铁路，在东北部和中西部形成过度密集的网络，拥有大量重复的线路，总运营里程一度超过 40 万千米；后在铁路发展萎缩的背景下，又拆除了大量低运量线路。截止到 2011 年，美国铁路总运营里程为 224 792 千米，约拆除了一半。由路网公司对铁路线路进行整体建设，可以避免线路重复、无序建设造成的资源浪费，维护整张路网的高效性。

第三，保障线路的安全性。通过路网公司统一建设铁路线路，可保障铁路线路采用统一的技术标准，这对保证铁路行车安全具有重要的作用。

2．国家铁路基础服务的提供者

（1）运输产品的生产与销售。

路网公司的产品主要就是列车运行图和列车运行线，其主要职责就是列车运行图的编制以及列车运行线的销售。所有的铁路运营公司（含 3 个专业运输公司和一大批中小型运营公司）与路网总公司是平等的关系：各个运营公司要向路网公司购买"列车运行线"；路网公司要根据各个运营公司的要求编制"列车运行图"，并以适当的价格向铁路运营公司销售列车运行线。

网运关系调整以后，原来运营与路网一体的运价形成机制与管理体制将无法维持。由于铁路运营公司对铁路基础设施的依赖程度高，线路使用费的标准以及列车时刻表的确定，在很大程度上决定着运营公司的经营。在这种情况下，路网使用费如何确定，将直接关系到这一改革能否最后取得成功。接入价格太高，会减弱运营公司企业的竞争能力，降低私人资本进入运营市场的积极性；接入价格太低，则会导致路网公司亏损严重，造成路网建设及改造资金短缺。

从社会效率最大化的角度考虑，最优的定价方式为边际成本接入定价。在这种定价方式下，运营公司支付给路网企业的接入费用等于路网企业提供接入服务的边际成本。但接入费用等于边际成本的结果，一方面容易使新进入的路运企业对网络"搭便车"，造成竞争性市场的无效率进入；另一方面，由于路网企业承担全部固定成本，因而如国家不给予财政援助，路网公司将严重亏损，直接后果是路网建设和改造落后，最终损害铁路行业的运营效率。如其亏损由国家财政弥补，则又容易使路网企业丧失改进经营、降低成本的动力。

路网公司的接入费收取标准应由国家发改委统一确定，国家发改委再授予路网公司部分调整权利，允许路网公司根据不同地区、不同线路的实际情况在此价格以下浮动。在收费标准的确定上，可考虑在核定前几个年度全国铁路系统用于路网基础设施（包括车站、信号、供电设备等）的建设、更新、维修、改造支出与折旧、员工支出、管理费用等固定支出的平均水平基础上，确定各自的权重，再确定线路使用费收取基准水平；同时，根据不同地区和不同项目类别（公益性与经济性）确定变动使用费率的浮动幅度，具体幅度由路网公司自主确定。

德国铁路公司在其内部采用路网与运营的模式，其路网部门的运营模式可以作为相关参考（见专栏 5-1）。

【专栏 5-1】 德国铁路路网股份公司的经营

德国铁路实行客货运营公司与路网公司独立经营的模式，其中路网公司负责铁路线路维护、列车运行调度指挥，为每个客户无差别地进入路网创造条件，为欧洲境内多达 390 家的铁路运营公司提供列车运输组织服务，并对每个潜在的客户利用该路网负有责任。

德国铁路路网公司作为铁路基础设施企业，提供的运输产品即客货列车运行线，针对列车运行线产品制定了差异化的市场价格体系，通过向客户收取适当的线路使用费，确保铁路网正常的经营管理和必要的养护维修。如一家铁路运输企业从甲地向乙地开行一列列车，要为使用该线路支付由若干参数和框架条件决定的线路使用费。

德国铁路路网公司的线路使用费体系由基本价格、产品系数、特殊系数三部分决定。每个线路等级都有各自的使用价格，即基本价格，并根据线路的繁忙程度规定不同的利用系数作为限制措施；根据客户要求的多样性和铁路运输在市场上相应的承受能力，路网公司还将提供不同特色的运输产品，如旅客运输中的特快运输、节拍式往返运输、经济型列车运输和机车列车运输，以及货物运输中的特快运输、标准运输、机车列车运输和小运转运输，并规定其产品系数。基本线路使用费由基本价格乘以相应线路的产品系数；如果需要路网公司提供特种服务，如超限货物运输、大轴重列车开行等，运营公司将根据不同的特殊系数（如地区系数等），另外支付一定费用。最终的线路使用费为基本线路使用费加上附加费。

为了尽可能减少列车延迟、提高线路运行效率，德国铁路路网公司于 2009 年年底开始实行列车准时运行激励体系，通过经济手段（列车延迟收费）对部分重点列车的准时运行进行管理，清晰界定不同经营主体（路网公司和运营公司）的责任范围，做到列车运行过程的信息化数据采集和责任主体匹配。这种对工作质量制定的经济激励或惩罚标准对减少列车延迟、提高路网利用效率至关重要[40][41]。

（2）列车运行的调度与指挥。

全路网日常行车调度指挥也是路网公司的职能之一。全国一张网统一调度指挥是保障运输安全、提高运输效率的有效途径。路网公司在列车运行线销售完成后，要保证列车实际运行的高效与安全，组织全路网列车安全有序运行。

路网公司的调度以列车为基本对象，不以货流、客流为对象，更不以一批货物、一部分旅客为对象，调度指挥对象接口上移将极大降低调度工作的难度和复杂度，对保障安全和提高效率具有重要意义。

路网公司还将负责收集、储存、传递、管理相关信息，实现信息的共享，有利于增强铁路运输业的整体竞争能力。各类客货运输企业完全融入运输市场后，对运输市场相关信息的需求将会大增。信息资源的准确、有效、快速传递是运输经营企业提高竞争力的必要保证，也是提升全行业运输质量和效率的重要前提。

（3）运营职能限制。

在统分结合的网运分离条件下，路网公司具有统一而庞大的铁路基础设施资源，而且拥有实力雄厚的国有资本背景，因而在市场中处于强势地位。如果允许路网公司参与运营，那么路网公司既是路网拥有者，掌控统一的运输调度指挥权，又是运输经营者，参与铁路客货运输，好似运动场上的"裁判员"本身又是"运动员"，这对没有路网权的其他运输企业非常不利。这种不公平的竞争将阻碍行业发展，极大降低我国铁路运输市场竞争力，且容易滋生贿赂、腐败等不良风气。

因此，路网公司的经营性只能由出售列车运行线的收入来体现，而不能以任何形式（包括控股或参股运营公司）直接从事客、货运业务，即路网公司的客户只能是各类铁路运输公司，而不能直接是旅客或货主。只有在这种条件下，路网公司才能注重提升运输组织效率，更加专心地为所有运营公司创造公平合理的竞争环境。

3. 与各产业融合发展的主导者

（1）路网公司与其他各产业（资本）融合发展的构想。

路网公司作为铁路基础设施建设、维护和运营主体，其主要从事基础性公共服务。为保证路网公司的长远可持续发展，扩大市场开放程度，拓宽资本获取渠道，可将纯公益性公共服务与可经营性服务捆绑，以经营性收入反哺纯公益性支出。特别是待铁路基础设施建设成熟完善后，更应将路网公司的企业定位从发展铁路基础设施转换到以统筹思路参与整个行业的发展，故路网公司在承担铁路建设施工和维保运营工作的同时，也可参与除客货运输之外（为保证市场竞争公平）的其他业务，如机车车辆、通信信号等装备制造。从资本运作的角度，可从以下四个方面通过资本融合促进路网公司自身发展。

一是加快路网公司与铁路工程、装备类公司交叉持股工作，从出资人角度以资本联合形式促进铁路产业融合。在基础设施建设投资方面，中国中铁、中国铁建、中国通号、中国中车等具备雄厚资本的国有企业及地方政府均可出资成为中铁路网公司的股东；为了促进铁路行业共同良好地发展，路网公司也可以出资持有上述企业的股份，形成交叉持股的局面，以促进行业协同。在确保国有资本对铁路的控制条件下，还可以转让相当部分股权，通过募集社会资金来建设铁路网络。

二是加强中央、地方多级国资部门合作，加快路网公司与水运（港口）、道路、民航、快递、城配等领域物流和客运类公司交叉持股工作，从出资人角度以资本联合形式加强多式联运，促进"大交通"产业融合。2016年，国务院办公厅转发国家发改委《营造良好市场环境推动交通物流融合发展实施方案》（以下简称《方案》）。《方案》提出，到2018年全国80%左右的主要港口和大型物流园区引入铁路，集装箱铁水联运量年均增长 10% 以上；到 2020 年，集装箱铁水联运量年均增长 10% 以上，铁路集装箱装车比例提高至 15% 以上，大宗物资以外的铁路货物便捷运输比例达到 80%，准时率达到 95%，运输空驶率大幅下降。

三是加快路网公司与其他领域国有大中型企业交叉持股工作，如生产轨道交通电源系统的技术产业，生产钢轨的钢铁企业等企业，以促进铁路与产业链上下游的全产业融合。

四是加强与地方铁路国有资本（主要是地方铁投公司，例如四川省铁路产业投资集团有限责任公司、江苏省铁路集团有限公司）的融合，提高地方国有资本铁路建设的参与程度，拓宽铁路投融资渠道，缓解铁路建设资金压力。

（2）中国铁路"走出去"的系统集成供应商。

我们建议，考虑到路网公司自身的平台和资源优势，以及和铁路其他各领域的资本融合发展，国家应赋予路网公司承担中国铁路"走出去"系统集成供应商的职责，这一点应在铁路国家所有权政策里予以明确。

目前，我国铁路在铁路建设、装备制造、运营管理等方面均处于世界领先水平，随着国家"一带一路"倡议的开展，中国铁路"走出去"战略的实施也迈上了新台阶。当前世界许多国家大力推进铁路等基础设施建设，将其作为促进经济社会发展、减少贫困、改善民生的重要战略举措，为中国铁路"走出去"提供了良好的发展机遇，"中国铁路"成为我国对外产能合作的靓丽名片。中国铁路"走出去"对带动国内相关产业发展，维护国家贸易、资源和能源通道安全，促进友好和平外交，扩大我国政治影响都具有深远影响。

过去，我国企业对外承包工程的方式主要是一些跨国企业总承包，我国企业主要承担土建工程、劳务输出和装备出口，由跨国公司负责资金、技术、设计、建造等资源的整合。跨国企业只提供少数的管理人员，却赚取大部分利润。而我国企业在分包工程的过程中，企业间往往存在竞相压价、恶性竞争的现象，这导致国外业主和总承包商坐收渔翁之利，同时过低的报价也会影响工程和产品的质量，损害我国企业和产品的品牌形象。

目前（准确地说是自 2014 年以来），在政府合作机制的推动下，由中国铁路总公司牵头的中国企业联合体"抱团出海"。印尼雅万高速铁路、俄罗斯莫喀高铁、中老铁路、中泰铁路、匈塞铁路、马新高铁等项目实现了项目落地，取得重大进展。短短两三年内，中国铁路国际合作遍布世界各地，引起强烈国际反响。中国铁路"走出去"不再是简单的劳动力和产品输出，而是资金、技术、标准、人才的全方位输出。对外承包的模式也转变为由我国企业总承包，负责整合资金、技术、设计、建造、运营管理等各方面的资源，全方位地参与到国外铁路的设计、融资、建造、运营管理中，打造高质量的"中国铁路"品牌。而这个协调各方的总承包企业，现阶段由中国铁路总公司担任。

由图 5-1 可以看出，今后，在实施统分结合的网运分离之后，路网公司是连接我国铁路各个领域的枢纽，拥有良好的资源和平台优势，可以很好地整合我国铁路行业的各种力量，打造优质的"中国品牌"。路网公司在今后的发展中，应当继续承担起带领中国铁路走出去的"领头羊"的作用，充分整合铁路行业力量，积极拓宽海外市场。

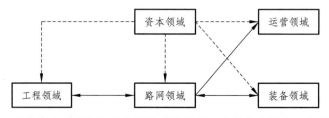

注：虚线表示出资人与被出资企业的关系；实线表示具体业务联系

图 5-1　路网领域同其他领域的关系图

事实上，我们构想的铁路资本领域的中铁国投直接持有铁路工程、装备、路网、运营四个领域公司的股权，似乎由其来承担中国铁路"走出去"的系统集成供应商职责更为有利。但是，考虑到中国铁路"走出去"涉及的技术细节过多，而中铁国投的定位是铁路国有资本投资运营公司，我们认为由其承担上述职责并不合适。

5.1.3　运营公司的职能

运营公司作为市场竞争的直接参与者，要坚持市场取向，引入竞争机制，提高服务质量，逐步扩大市场份额，实现铁路客运、货运收益的最大化。对于公益性铁路及公益性运输任务，应直接对相关主体进行补贴。因此，运营公司的主要职能是为旅客和货主提供优质的运输服务，设计符合市场的各类运输产品，促进我国铁路运输行业在公平有序的竞争中实现快速健康发展[19]。

1．客运公司的职能

各客运公司拥有部分客运机车（包含动车）和客车，售票实行委托代理制，根据市场需求自主开展客运营销业务，通过线路运营权的竞争向路网公司获得线路使用权，向路网基础设施和生产协作单位付费。客运公司的数量、规模和格局应随着运输市场的变化以及公司内部条件的变化作出调整，随着网运分离改革的深入，进入铁路客运市场的门槛应降低，这样不仅有利于外部资金进入，也能够吸引"路外人"直接或间接参与竞争。

客运公司在专心从事传统的铁路旅客运输任务的同时，还可着眼于票价之外的其他潜在营利。四川航空的一种商业模式值得借鉴（见专栏 5-2）。

【专栏 5-2】　四川航空商业模式拓展案例

为了延伸服务空间，四川航空为搭乘四川航空班机的航空旅客提供免费的高品质城市接送服务。在采购阶段，原价一台 14.8 万人民币的休旅车，四川航空要求以 9 万元的价格购买 150 台，提供风行汽车的条件是在载客途中为其做广告，向乘客提供车子的详细介绍，包括车子的优点和车商的服务；在运营阶段，川航征召了一些想当出租车司机的人，以一台休旅车 17.8 万的价格出售给这些准司机。因为川航提供了稳定的客源，无须像出租车一样在城市中巡游，且这 17.8 万元里还包括了特许经营费和管理费，自然不愁没驾驶员。四川航空立即进账了 1 320 万人民币。

接下来，就是该举措的实施阶段。对乘客而言，不仅解决了机场到市区的交通问题，还省下了大笔的交通费用；对风行汽车而言，虽然以低价出售了车子，却省下了一笔广告预算，换得一个稳定的广告通路；对驾驶员而言，与其把钱投资在自行开出租车营业上，不如成为川航的专线司机，获得稳定的收入来源；对川航而言，不仅获利1 320万元，这150台印有"免费接送"字样的车子每天在市区到处跑来跑去，让川航平均每天多卖10 000张机票，与车商签约协议到期后还可以酌收广告费。

这样的商业模式是非常值得铁路学习的，打造一个平台，既能在上面做"好人"，又能做"好事"。"统分结合的网运分离"将创造出众多小、精、专公司，同时激发这些公司的活力、动力、创造力，以最小的投入获取最大的收益，实现企业价值和社会价值双最大化[43]。

2．货运公司的职能

各货运公司之间以及与其他专业运输公司之间，通过合理的竞争手段，从市场取得收入。各货运公司通过投标向路网公司购买线路经营权。对运量少、运输密度低的线路，依据市场运行规律，以较低价格从路网公司获得运营权，国家对路网公司由此带来的损失进行财政弥补。对承担战时任务、国家扶贫扶弱计划的货运公司，国家一次性给予资金弥补。

3．其他业务

运营公司除基础的客货运业务外，在客货运输中还可开发其他附加业务，如配餐、送票、沿途旅游相关业务，以及车站周边百货、物业等业务。这些增值业务的开发，一方面可以创收；另一方面可以优化消费者体验，增强自身竞争力。围绕铁路车站，建立多种交通方式综合换乘的交通枢纽，发展交通+商业的模式，是我国现代铁路客运的发展方向，其中的商业开发具有很大的潜力。

5.2　运输企业间的竞合关系分析

竞争可以提高效率。为铁路运输业创造竞争环境，想方设法引入多种竞争，以提高行业经营效率，是改革方案的最终目的之一。网运分离的一个最大优点就是把垄断限制在铁路网络，在运营部分能够引入各种方式的竞争。竞争可以分为两种：一种是进入市场的竞争，即各运营公司争夺线路使用权；第二种是市场中的竞争，即已获得线路使用权的企业争夺市场份额。

1．线路运营权的竞争

线路运营权的竞争可以通过特许经营权的公开竞标的方式进行。特许权经营的内涵是用进入市场所开展的竞争来代替市场中的竞争，它可以是积极的——路运企业向路网付费以获得运营权利，也可以是保守的——路网公司要求竞争投标者在控制的票价下以最少的补贴和投资成本提供公共服务[43]。各运输企业为获取某线路一定期限内的运营权参与竞标，其中路网付费价格最高、要求成本补贴最少或提出实现收入最高者被授予特许经营权。

通过线路运营权的竞争，可以使通过竞标获得特许经营权的企业受到外部潜在进入企业的竞争压力，如果在位企业在其特许运营期内不千方百计地提高经营效率，降低经营成本，将无法保证其在下次竞标时再次胜出；同时，特许权竞争不要求政府管制者具备关于企业成本和需求状况的充分信息，竞标企业之间的竞争可以代替管制者的决策，这降低了管制者搜集信息的成本，规避了既有经营者在成本方面误导政府管制者的风险。

2．与其他运输方式间的竞争与合作

与电力、电信等其他传统自然垄断产业不同，铁路具有技术载体的可替代性。在一个完善的运输市场中，除铁路运输外，还存在着其他四种对铁路运输具有很强替代性的运输方式：公路、航空、管道和水运，而这种替代性就是运输方式之间形成竞争的前提条件。通过运输市场各种运输方式之间的竞争不难观察到，这种竞争对每一种运输

方式在价格、服务、技术进步、经营理念、经营方式、经营范围等方面都起到了有效的约束和激励作用，而且起到了某种政府管制难以起到的作用。

在把具有巨大固定成本的路网部分分离出去以后，铁路运输企业具备了和其他方式的运输企业平等竞争的条件；在获得真正的市场主体地位后，能够从市场取得收入，需要自负盈亏，路运企业于是也有了参与市场竞争的动力。从我国运输市场的实际看，铁路运输已经处于竞争异常激烈的市场环境之中，来自公路、民航、水路等的竞争已经对铁路客货运造成了相当大的冲击。

铁路运输企业要在同其他运输方式的竞争中取得有利地位，应首先分析各自的优劣势。公路运输的优势主要体现在短途运输上，凭借其灵活的上下客（货）方式、密集的发车数量等占据方便的优势，而航空运输主要是在长途运输上有着无法比拟的速度优势，水路运输则主要是在局部区域有着较明显的价格优势。和它们相比，铁路运输速度快、安全性高、性价比高、环保性能好、产品差异化程度高。铁路运输企业应该充分发挥其优势，避免相互间内耗，致力于提高自身的竞争力。

除了竞争之外，各运输方式之间还要强调合作，既要发挥好各种运输方式的优势和作用，又要强化各种运输方式的衔接和融合。我国《"十三五"现代综合交通运输体系发展规划》中指出，到 2020 年，各种运输方式的衔接将变得更加紧密，重要城市群核心城市间、核心城市与周边节点城市间实现 1~2 h 通达；打造一批现代化、立体式的综合客运枢纽，旅客换乘更加便捷；交通物流枢纽集疏运系统更加完善，货物换装转运效率显著提高，交邮协同发展水平进一步提升。

铁路应当加强与其他运输方式在客运、货运上的衔接合作，充分发挥其运输骨干的作用。不同运输方式之间还可通过资本融合的方式实现融合发展。

5.3 "统分结合的网运分离"监管机制

1999 年，为促进铁路行业的健康发展，铁道部采用市场结构分拆的监管手段对铁路行业进行变革，实行网运分离，将铁路局下属的各客运公司整合起来，建立统一的客运公司，允许其从旅客运输市场上直接获得运输收入。这一监管机制的调整，本可以激发铁路运输市场的活力，但由于监管体制未进行适应性的变化，最终导致客运公司严重亏损，"网运分离"的改革方案破产。

可见，全面深化铁路改革是一套系统工程，需要打组合拳，综合施策。网运关系调整仅作为综合性改革方案的一个突破口，要做好这项关系国计民生的改革工作，监管机制的创新必不可少，同时还需要监管体制作出同步调整。本书在此从市场准入监管和价格监管两个层面对"基于统分结合的网运分离"监管机制的转变做简单论述。

5.3.1 我国铁路运输行业监管现状

目前，我国铁路运输行业存在三大类监管机构。

1．交通运输部

交通运输部属于政策性监管机构，负责铁路发展规划，对铁路行业进行行政管理。

2．国家铁路局

国家铁路局属于铁路行业的专业监管机构，下设交通运输部，主要负责铁路行业的安全监管、质量监管等，并设有沈阳、上海等7个地区铁路监管局，负责辖区内的监管工作。

3．其他综合监管机构

（1）国家发改委。
主要负责铁路行业的价格监管、投融资监管。
（2）财政部。
负责铁路行业的财税监管。
（3）国资委。
负责铁路行业的国有资产管理。

（4）环保局。

负责铁路行业的环境污染监管[44]。

我国目前初步形成了以《宪法》为基础、以《铁路法》为龙头、以铁路法律和法规为骨干、以行政规章为补充的铁路法规体系基本框架。但是，关于铁路行业的政府监管问题，《铁路法》第三条仅规定"国务院铁路主管部门主管全国铁路工作，对国家铁路实行高度集中、统一指挥的运输管理体制，对地方铁路、专用铁路和铁路专用线进行指导、协调、监督和帮助"。

除此之外，以《铁路法》为核心的铁路行业监管制度，基本上形成于计划经济时代，监管手段落后，大多监管内容与现实脱节，存在诸多问题，主要表现在以下两个方面：

（1）在市场准入方面，实行严格的准入监管。《铁路法》将铁路行业的市场准入主体严格限定在国家铁路、地方铁路和专用铁路三者内，对以行政特许方式进入铁路行业的合资铁路和民营铁路，《铁路法》中并未提及，这些运输企业在法律上并不具有合法地位，政治风险很高。

（2）在价格监管方面，监管内容滞后。作为铁路行业价格监管依据的《价格法》，并没有针对铁路行业价格监管的专门规定，只是将其笼统地归入垄断行业的相关规范之中。而作为铁路行业专门法规的《铁路法》，其内容中仅包含一些原则性规定，缺乏对铁路运价监管的可操作性的配套实施细则。作为铁路行业专业监管机构的国家铁路局，并没有价格监管权，而是由国家发改委对全国所有行业实施价格监管，违背了法律上"特别法优于普通法"的原则[45]。

5.3.2　市场准入监管机制转变

1．降低准入门槛

在现有国家铁路局明确准入条件、简化准入程序的基础上，进一步放宽客货运输企业准入条件，可不必要求申请企业拥有铁路基础设施的所有权，即企业可以不投资铁路建设项目，在具备一定运营经验的基础上,通过向路网公司支付线路使用费的方式进入铁路运输领域,与在位运输企业展开服务竞争。通过这一监管形式,降低市场进入的必要资本量壁垒和资产专用性、沉没成本的限制,允许潜在企业在没有后顾之忧的前提下成为市场内的竞争主体。

2014 年 11 月修订的《铁路运输企业准入许可办法》中已放宽了企业准入条件,要求申请企业拥有符合规划和国家标准的铁路基础设施的所有权或使用权。随着铁路投融资体制改革的不断深入,铁路运营管理日趋多元化。

为了适应铁路运输市场发展的新态势,进一步激发运输市场活力,2017 年 9 月,交通运输部再次对《铁路运输企业准入许可办法》进行了修订（见【专栏 5-2】）,进一步放宽了许可条件,对于仅有铁路基础设施使用权的企业,取消了有关机车车辆所有权的硬性条件。

【专栏 5-2】　交通运输部关于《铁路运输企业准入许可办法》的修改

交通运输部关于修改《铁路运输企业准入许可办法》的决定

发布时间：2017-10-27 09：49 来源：国家铁路局

交通运输部令

2017 年第 31 号

《交通运输部关于修改〈铁路运输企业准入许可办法〉的决定》已于 2017 年 9 月 20 日经第 16 次部务会议通过,现予公布,自 2017 年 9 月 29 日起施行。

部长

2017 年 9 月 29 日

交通运输部关于修改《铁路运输企业准入许可办法》的决定

交通运输部决定对《铁路运输企业准入许可办法》（交通运输部令 2014 年第 19 号）做如下修改：

一、将第六条第（二）项修改为"拥有符合国家标准、行业标准以及满足运输规模需要数量的机车车辆的所有权或者使用权"。

二、将第八条修改为"拥有铁路基础设施所有权的企业采取委托经营方式的,受托企业应当取得铁路运输许可证。"

本决定自 2017 年 9 月 29 日起施行。

《铁路运输企业准入许可办法》根据本决定作相应修正,重新发布。

将第六条第(二)款"拥有符合国家标准、行业标准以及满足运输规模需要数量的机车车辆的所有权或者使用权。但仅有铁路基础设施使用权的,应当拥有机车车辆的所有权"修改为"拥有符合国家标准、行业标准以及满足运输规模需要数量的机车车辆的所有权或者使用权。"

2．实行非对称监管

从广义上来看,监管机构在铁路行业建立更为灵活的市场准入监管机制,不仅仅局限于市场准入条件与程序这一环节,还涉及如何保障准入成果的问题,此时可以考虑实施非对称监管。所谓非对称监管,是指监管机构出于放松监管的考虑,对行业内具有市场优势的在位企业和份额狭小的新进入企业实行差别化,旨在扶持新进入企业以维护公平竞争的监管措施[46]。

在放松市场准入监管中,可以实施的非对称监管包括:

(1)互联互通监管。

铁路运输业属于网络型产业,统分结合的网运分离使路网公司具有统一而庞大的铁路基础设施资源,而且拥有实力雄厚的国有资本背景,在市场中必然处于强势地位。如果路网公司与某些客货运输企业存在资本联合的情况,很可能出于保障自身利益的考虑,对新进入企业的互联互通设置各种障碍,大大限制提供服务的范围。所以,监管机构不仅要严令禁止路网公司以任何形式参与客货运输的行为出现,还需要采取强制接入政策,要求路网公司无差别地开放网络接入,未经监管机构的同意无权拒绝新进入企业的互联互通要求。

(2)使用费监管。

因新进入的企业市场份额较小,支配力量不强,无法实现规模经济和范围经济效应,监管机构可以考虑为这些企业制定较低的线路使用费率指导价,允许其按照接近边际成本的价格支付使用费,同时在运输价格方面,也可以给予这些新进入企业更大幅度的基价浮动权,使其价格政策更为灵活，帮助其迅速建立市场地位。

（3）普遍服务监管。

由于新进入的企业资金不足、市场份额较小，无法实行成本领先战略，可允许其采取"撇脂"策略，即向新进入的企业开放营利性的干线铁路，同时，不要求其承担公益性运输服务。

非对称监管只是为最终实现公平而暂时采取的不公平对策，属于过渡性的监管机制，待新进入的企业建立市场地位、拥有相应的市场份额，可以实现铁路运输市场公平、有效竞争时，监管机构应该取消这种监管手段，统一市场准入条件，公平对待市场内的所有主体[45]。

5.3.3　价格监管机制转变

当前在整个运输市场上，虽然已经形成了各种运输方式相互竞争的态势，但铁路运输系统内部仍处于垄断和竞争并存的局面，这一客观事实决定了铁路运输市场尚不能完全放松价格监管，实现自主定价。在实施"统分结合的网运分离"的过程中，为考虑民众和社会承受力，先期仍应保持采取以政府指导价为主的价格监管机制，优化现行价格监管机制，时机成熟时再尝试激励性价格监管机制——最高限价监管，激发广大市场竞争主体的活力和动力。

1．优化现行的价格监管机制

由于我国铁路客运价格多年来未经调整，不宜贸然提高现有价格水平。为实现有效衔接，可以针对不同客运产品实行差别定价机制，如对保障低收入群体的客运产品，可以继续执行政府定价；对诸如高铁等中高端运输产品，可进一步扩大执行政府指导价的品种范围，允许铁路运输企业利用需求的价格弹性和交叉弹性，以规定的基价为中心实行浮动运价机制[47]。

在现有货运市场上，各种运输方式并存的竞争格局已然形成，国务院按照铁路运价市场化改革的方向，将铁路货运价格改为政府指导价，因此针对铁路货运，可以制定更为宽松的价格监管机制，全面实行以基准价格为中心的浮动运价监管机制。

首先，重新确定客货基价率。我国现行铁路客运价格因长年未经调整，已无法有效反映铁路客运成本、客运市场需求等因素。因此，应依据典型铁路线路的客运成本，具体考虑经济发展水平、区域性经济差异、旅客群体的可承受性、与其他运输方式的差异性等外部因素，以及铁路客运产品结构变化、旅客运输成本、铁路发展定位等内部因素，重新计算基准运价率。现行货物基准运价率虽然处于较低水平，但其通过多年来"补丁式"的上调，已然向实际应有运价水平趋近，且政府在制定货物运价率时，已经部分考虑了运输成本、市场需求等多方面因素，具有一定的权威性，是一个综合价格指标，另外也考虑到大幅上调运价带来的混乱影响，可以将现行的铁路运输货物品名运价作为最初的推行运价。

其次，确定基准价的浮动幅度。为落实以基准价为中心的浮动运价监管机制，在确定了基准价水平后，尚需确定其浮动幅度。基准价的浮动幅度不可盲目地人为规定，应当综合考虑以下相关因素：

（1）运输市场供求关系。

当运输市场供求基本平衡时，基准价浮动幅度应相对较小，基准价基本保持不变。而当运输市场供求严重失衡时，浮动幅度应相对较大，即供小于求时，运价应适度上调；供大于求时，运价应大幅下降[48]。

（2）运输方式的可替代性。

在整个运输市场上，公路、水运、航空与铁路运输之间存在着不同程度的可替代性。在某一细分市场上，当其他方式对铁路运输的可替代性较强时，基准价的浮动幅度应较大。如与航空运输相比，铁路已经建成并运营多条平行的高铁路线，在这些线路上，航空运输的可替代性强，铁路运输基准价的浮动幅度不宜过小；反之亦然。

（3）通货膨胀率的存在。

一般而言，通货膨胀率越高，名义运输成本上升得就越快，为补偿成本支出，基准价的浮动幅度应越大。

（4）反暴利、反倾销价格的相关规定。

反暴利、反倾销价格的制定，是国家出于维护公平竞争、保障合理利润的考虑。这两个价格的规定是基准价浮动幅度的上下限，基准价必须处于反暴利、反倾销价格之间。

（5）出于国计民生的考量。

按照上述分类，对影响国民经济运行、为实现特定政治目标的重要物资，其基准价的浮动幅度应相对较小。而对一般消费商品，在现存市场经济体制下，其价格已经完全由市场决定，因此这些商品的运输价格也应由市场供求决定，随市场行情进行浮动，基准运价的浮动幅度也可以相对大些。

最后，确定铁路基准运价调整机制。可以借鉴相关国家地区的经验，以现行确定的运输基准价为基点，重点考虑社会消费物价、主要生产资料在运输成本中的比重和铁、公、航、水运价关系及用户可承受性等因素，形成铁路运价动态调整模型，定期小幅调整铁路运价水平，使铁路运价围绕运输价值上下波动，真实反映运输市场供需变动，实现资源优化配置。

2．尝试激励性价格监管机制——最高限价监管

最高限价监管机制可以解决监管者与被监管者之间信息不对称的问题，即使无法辨别运输企业所提供运输成本的虚实，也可以有效实现成本控制。运输企业在最高限价下，承担成本上升的压力，有降低生产成本、提高生产效率的动力。借鉴前人的思想，最高限价模型可以设定为

$$p_{t+1} \frac{C_t(1+\mathrm{PRI}-x)}{1-R} \times PI + T$$

其中，P_{t+1} 是第 t+1 期的铁路运价水平；C_t 是第 t 期的平均运输成本，PRI 为零售价格指数；x 为预先设定的运输企业生产效率的增长率；R 为运输企业的销售利润率；PI 为运输业价格指数，取自 CPI 中的交通类价格指数；T 为运输企业上缴的税收[49]。

最高限价监管模型具有以下特点：

① 模型中 PRI 的引入，可以建立运价水平与社会物价水平联动机制，避免运价调整的滞后性；

② 模型中 x 的引入，将铁路运价与运输企业自身的生产效率相挂

钩，可以产生企业降低生产成本、提高生产效率的激励；

③ 模型中 R 的引入，主要是为了取代原本成本加成价格监管机制中的资本回报率，打消企业通过增加投资基数的途径来获得利润的念头，避免重复建设和资源浪费；

④ 模型中 PI 的引入，可以将铁路运输与其他运输方式的比价关系引入进来，有利于形成公平的竞争格局，有利于各种运输方式协调发展，有利于构建更为合理的综合交通运输体系。

5.3.4　接入价格管制分析

铁路客货运输与路网运营具有截然不同的经济属性，各项客货运输业务内部具有竞争性，与其他运输方式之间也存在着结构性竞争，而路网公司则具有一定的自然垄断性。网运分离后，原来一体化的运价形成机制与管理体制再也无法维持，按本书的构想，路网由国家控制，运营公司则向包括国有资本在内的各类资本开放。由于铁路运输企业对路网的依赖程度高,线路使用费的标准以及列车时刻表的确定，在很大程度上决定着运营公司的经营状况。在这种情况下，路网使用费如何确定，将直接关系到这一改革能否取得成功。接入价格太高会减弱路运企业的竞争能力，降低私人资本进入路运市场的积极性；接入价格太低则会导致路网公司亏损严重，造成路网建设及改造资金的短缺。

从社会效率最大化的角度考虑，最优的定价方式为边际成本接入定价。在这种定价方式下，路运企业支付给路网企业的接入费用等于路网企业提供接入服务的边际成本。但接入费用等于边际成本的结果，一方面容易使新进入的路运企业对网络"搭便车"，造成竞争性市场的无效率进入；另一方面，由于路网企业承担全部固定成本，国家如不给予财政援助，路网公司将严重亏损，直接后果是路网建设和改造落后，最终损害铁路运输业的运营效率。如其亏损由国家财政弥补，则又容易使路网企业丧失改进经营、降低成本的动力。

因此，我们认为应由国家发改委统一确定路网公司的接入费收取标准，允许路网公司根据不同地区、不同线路的实际情况在此价格以下进行浮动。在确定收费标准的基础上，可考虑在核定前几个年度全国铁路系统用于网络基础设施（包括车站、信号、供电设备等）的建设、更新、维修、改造支出与折旧、员工支出、管理费用等固定支出的平均水平基础上，确定各自的权重，再确定线路使用费收取基准水平。同时根据不同地区和不同项目类别（公益性与经营性）确定变动使用费率的浮动幅度，具体幅度由路网公司自主确定。

5.3.5　路网公司服务质量监管

网运分离后，路网公司实行国家控制的垄断式经营，各客货运输公司向路网公司购买线路运营权。在这样的构架下，运营公司将处于明显的讨价还价的劣势地位。为避免路网公司由于竞争不足而致使企业提供的物品和服务质量出现下降，以保障运输企业的权益，需对路网公司提供的路网服务质量进行管制。具体措施如下。

1．制定路网服务的质量标准并由政府主管部门管制执行

政府制定和颁布具有法律意义的质量标准，规定路网公司提供的路网服务必须达到的低限标准，在路网服务的质量标准中体现列车可行驶的最高时速、列车行驶的安全性、铁路路网的规模、繁忙线路的双线率、各线路间的互联互通等。质量监管部门根据各运输企业的反馈意见，对路网企业的服务质量和经营状况定期进行评估、监督，然后向社会公布有关结果。若评估结果符合或超出质量标准，则对其进行相应的奖励；若达不到规定的质量标准，对其施以不同程度的惩罚。

但由于以下因素的存在，在实践中确定合适的服务质量水平是一件很困难的事情：其一，服务质量标准的决策带有很强的政治色彩。因为服务质量提高所产生的成本会转嫁给运输企业，运输企业很可能既对低服务质量不满，又对整体质量成本的增加产生抵触情绪；其二，随着时间的推移，客货运输企业对服务质量的要求和预期不断发生变化，同时技术进步也会改变路网企业提供不同水平服务质量的成本。

因此，管制者必须全面协调服务质量标准和相应的奖惩制度中的利害关系以及时序上的要求，设计出既能促进路网企业对服务质量进行长

期投资，又能保证质量标准具有可测性、可监控性和可调节性的方案。在实际运作中，可采用循序渐进的方式，先依据某一时期的具体情况建立起初始的最低服务质量标准，再根据条件的变动对这个标准进行适时的、适度的调整。在此基础上，为达成政府某些特殊的目标，还要赋予质量标准一定程度的弹性，即在特定条件下管制者将放宽路网企业服务质量标准的处罚规定，但在管制合同中必须能够客观地识别这些质量的界线。

2. 质量管制与激励性管制相联系

对服务质量的管制可以与激励性管制措施结合起来，如此既可以降低政府对服务质量进行管制的难度，也可以促使路网公司真正有动机提高其服务质量。对路网公司采用价格上限管制的激励性管制办法，综合考虑网络可靠性、服务准时性、路运企业满意度等影响因素对价格进行实时调整。一方面，可以给予路网公司一定的经营激励，因为如果路网公司能够将生产率提高到合同规定的水平以上，则企业就可以由此而获得额外的报酬；另一方面，在价格上限的管制下，政府管制机构只需注意路网接入价格是否控制在上限以内，而并不需要审定其成本，因而大大节约了管制成本，还可以避免由于管制者和企业间的信息不对称造成管制失效。同时，价格上限法还可以有效降低网络接入价水平，使利润在路网企业和路运企业间平衡。因为路网效率提高引起实际成本下降时，路网企业将会由此获得大量利润；在企业效率提高时，会降低路网的价格。在实际操作中，可以由国家发改委在综合考虑路网公司的各种成本（包括运营支出、资本成本、资本的收益率、现存资产和资本支出）、路网的建设维护状况以及整个运输市场的竞争状况等的基础上，确定价格上限。路网公司为路运公司提供的路网服务价格严格保持在此价格之下，路网公司通过提高自身经营效率所获得的收益，全部归公司所有。

5.4 本章小结

本章的主要工作为：

（1）论述了网运关系调整后的不同市场主体的职能划分，并强调对路网公司实行职能约束的重要性。

（2）阐述了铁路运输企业按照"统分结合的网运分离"思路改革重组后的投融资、接入价格管制、服务质量、市场竞争等方面的相关分析。

（3）从监管机制角度论述了"统分结合的网运分离"实施过程中，市场准入和价格监管的转变方向。

本章的主要观点如下。

（1）路网公司一共有三个方面的职能：一是国家铁路基础设施的建设维护者；二是国家铁路基础服务的提供者；三是与其他各产业融合发展的主导者。为了提供公平的竞争环境，必须以法律法规的形式严格禁止路网公司以任何形式（全资、控股或参股）获得铁路客货运营资格。否则，庞大的路网公司在利益驱使下会衍生出众多的有直接共同利益的运营公司，这些公司在利用路网资源的时候享有事实上的优先权，从而破坏市场竞争的公平性。笔者认为，能否严格禁止路网公司以任何形式获得客货运营资格是网运分离能否实现并取得成效的关键。

（2）运营公司作为市场竞争的直接参与者，要坚持市场取向，引入竞争机制，提高服务质量，逐步扩大市场份额，实现铁路客运、货运收益的最大化。所以，运营公司的主要职能是为旅客和货主提供优质的运输服务，设计迎合市场的各类运输产品，以保持市场占有率，促进我国铁路运输行业在公平有序竞争中实现快速健康发展。对公益性铁路及公益性运输任务，应由国家直接对承运企业进行补贴，这既保证补贴资金切实用在了刀刃上，也能根据市场需求以最少的补贴实现运输任务。

（3）深化铁路改革是一套系统工程，需要打组合拳，综合施策。网运关系调整仅作为"统分结合的网运分离"综合性改革方案的一个突破口，要做好这项关系国计民生的改革工作，加强铁路改革进程中的监管工作是十分必要的。

第 6 章　基于统分结合的网运分离：实施路径

　　"统分结合的网运分离"是指把具有自然垄断性的国家铁路网基础设施与具有市场竞争性的铁路客货运输分离开，以现有"1+18"基本格局相对不变为基础，组建铁路路网公司，以实现路网的"统"；在现有三大专业运输公司的基础上再组建若干个客货运营公司，以实现运营的"分"，从而进行铁路路网与铁路运营的分类管理、专业经营。笔者在本章中将提出适用于我国铁路的"基于统分结合的网运分离"的经营管理体制改革实施路径。

6.1　总体思路

6.1.1　基本思路

　　实施统分结合的网运分离，其基本思路是稳中求进。

　　自 2013 年以来，中国铁路总公司面对严峻的铁路货运现状，积极应对现代物流领域的激烈竞争，探索推进铁路货运组织改革。当时推进的铁路货改将在一定程度上促使铁路网运分离。例如上海铁路局货运改革方案为：成立阜阳、蚌埠、合肥、徐州、南京、杭州、金华、上海九个货运中心，装卸公司、上铁物流、各地区铁路发展集团的相关子公司成建制划归货运中心，各站段货运相关专业也划归货运中心。

　　笔者认为，如果把货改成立的一批货运中心的货运业务逐步从车站（车务）分出来，最终按照现代物流企业的标准将一批货运中心整合形成一批具有竞争力的货运公司，今后再适时把客运也分离出来，那么铁路局（集团）就只具有行车职能。而铁路局（集团）的行车职能只能置于统一的调度指挥权力之下，理所当然地归属于路网公司。

分离出来的一批货运中心、客运中心将逐步整合成为具有独立法人资格的运营公司。这些公司没有巨额的固定成本负担，能够灵活地参与到市场竞争当中，能真正依靠市场参与者之间的竞争，提高铁路运输企业的服务水平、降低其运营成本。同时，为了获得更多的线路使用权，各公司间将会产生一定的内部竞争，由于路网公司对路网的拥有权，这些内部竞争将会在公平合理的原则下进行。

总之，我们建议不宜采用"一刀切"式的网运分离，而是适时地逐步将若干货运中心划转为三大专业运输公司或整合为新的运营公司①。如此成熟一批，划转或整合一批，随着资产、业务、人员的逐渐划入，铁路网运关系的调整也就水到渠成了。

6.1.2　基本原则

1.循序渐进，确保安全第一

铁路企业要讲究经济效益，但前提是一定要确保安全。没有安全，就没有效益。改革的首要前提是不能影响铁路运输安全。深化铁路改革必须坚持"安全为本"的原则，紧紧抓住安全基础取胜这个"牛鼻子"不放，带动安全质量的全面提升。

铁路运输具有高速度和大容量的特点，一旦发生安全事故，无论是在经济上，还是在社会上，都会产生很大的影响。安全是铁路的饭碗，工程是铁路运行的基本保障，尤其在铁路改革重组中确保运输安全是所有工作的重中之重。保安全、保质量、保稳定，反过来也为改革保驾护航。在铁路实施"统分结合的网运分离"改革的同时，应强化铁路改革安全基础，促进安全生产的稳定发展，保证铁路改革的顺

---

① 如果三大专业运输公司为上市公司，可考虑由其从资本市场募集资金，用来逐步从各铁路局集团公司收购若干个货运营销中心。这样的改革路径将更加市场化，但是可能需要较长的时间。

利进行。改革后的铁路运输企业将走向市场，追求利润最大化成为企业的经营目标，能否保证相应的安全投入是一个必须要考虑的问题。这方面的前车之鉴就是英国铁路路网公司，其为获取更大利润，尽量缩减信号与线路维修资金的投入，最终酿成一连串的重大交通事故，造成了恶劣的影响。

在我国，铁路运输安全关系着党和国家的工作大局，直接关系着人民群众生命财产安全，是我们在改革中的首要政治责任和社会责任，所以铁路网运关系调整要循序渐进，保持稳定，并有条不紊地进行，确保运输安全大于天、责任重于泰山。

2．政企分开，明确市场主体

政府与企业分开是铁路运输管理体制改革重组的前提条件和基础。现行政府和企业一体化的铁路运输管理模式，使得铁路运输企业很难成为具有真正意义上自主经营自负盈亏的社会市场主体，而铁路运输企业的生产经营积极性从某种程度上又受到外部多方面的制约，企业内部的经营预算机制表现出软化或是流于形式而起不到实质性的管理约束作用，而铁路运输生产组织在运营过程中对市场变化又反应缓慢，缺乏灵活性，所以在铁路运输企业的改革和重组过程中，最为重要的就是要理顺政府与铁路运输企业之间的关系，从根本上要明确铁路运输企业为自主经营和自负盈亏的市场主体。

要做到这一点，一方面要彻底转变政府本身的工作职能。把当前集行政管理者、资产所有者与生产经营者于一身的政府部门进行职能分割改革，实现政府行政管理职能与企业经营性职能的分开。另一方面要剥离铁路运输中主要经营性资产和非生产经营性资产，对铁路运输企业按照现代企业管理制度的要求，实行公司制改革、引入混合所有制，彻底打破存在已久的大、一、统平均主义大锅饭格局。

3．引入竞争，提高运营效率

铁路运输属于网络型自然垄断产业，具有明显的规模经济特点。出于对国家经济安全等方面的考虑，我国政府一直保持对铁路运输经营的国家垄断状态。但长期的垄断经营出现了许多负面效应，因为缺乏竞争，垄断往往造成经营成本很高、经济效益低下、服务质量较差、技术更新缓慢、分配不合理且容易滋生腐败等问题。各国进行的铁路改革最终都要通过引入竞争，增强企业的活力，提高运营效率和经济效益。

引入竞争要遵循市场规律，按强自然垄断性质业务和弱自然垄断性质业务进行分割，在综合考虑平衡交易费用成本和可竞争性两者的基础上，合理地确定不同铁路运输主体的效率组织边界，并确定铁路运输企业之间的交易模式和方式。在具有强自然垄断性质业务的环节上，要加大政府对其监督和管理力度；在具有弱自然垄断性质业务的环节上，要建立有利于促进运输市场竞争的准入规则，发挥市场机制在资源配置过程中的基础性作用，从而提高运输资源的配置效率。

4．路网完整，调度集中统一

我国地域幅员辽阔，资源分布不平衡，再加上我国的工业布局特点，由此产生了大量的长途货物运输需求，而铁路这种交通运输工具本身就具有运输量较大、运营成本较低、几乎不受天气等因素影响，而且具有连续运输等优点，正好能够满足这种长大货物运输的需要，因此铁路运输能够把整个国民经济体系联接在一起。改革必须做到有利于提高铁路运输企业的运营效率，满足国民经济的发展需求，更好地服务于广大人民群众，保证国家安全和紧急情况下的应急运输。

我国的国情决定了铁路经营管理体制改革必须要保证铁路路网基础设施结构的完整，要坚持铁路运输统一集中指挥的原则，这样不仅能够发挥铁路路网基础设施的整体优势，而且还能提高铁路路网基础设施的整体效能，确保铁路运输过程畅通有序；不仅能够优化铁路运输能力资源配置，而且还能够合理调整铁路运输生产力布局，从而缓解目前我国铁路运输存在的供给与需求矛盾。保持铁路运输路网基础设施的完整性，还有利于铁路更好地完成国家宏观调控任务，能够保障国家重点物资、军事运输、抢险救灾运输等的需要，确保广大人民群众正常的生活质量，维护整个社会的稳定和谐。

5．多元投资，促进铁路发展

目前，我国铁路面临着路网要不断完善、技术要不断更新等重要任务。建设高速铁路、扩展新线、改造既有线，更新运输设备都需要大量资金。然而，长期以来我国铁路建设投融资渠道单一，范围狭窄，主要依赖于中国铁路总公司的投入，现有的管理体制难以形成吸引境内外资金投入共同参与的局面，造成我国铁路长期以来运能不足，无法满足国民经济发展的需要。铁路经营管理模式改革创新就是要改变现有的投资状况，积极营造多元化投资建设铁路的氛围。

（1）一要做到有利于从资本市场融资。

资本市场应该成为铁路运输企业融资的主渠道，可以通过企业改制上市，公开发行股票进行融资。

（2）二要做到有利于吸引境内外资金。

国家要放宽市场准入限制，创造有效的市场机制，充分调动社会各方面投资建路的积极性，实施多元化投资发展。

（3）三要加强企业自身再投入能力。

通过改革重组，铁路运输企业要提升运营效率，降低生产成本，提高经济效益，增加企业自有资金存量，保障自身投入能力。

6.1.3　目标与任务

1．主要任务

（1）稳步推进铁路货运组织改革。

我国铁路系统体制不适应当前发展的需要，广大人民群众急切期盼铁路改革。决定铁路改革顺利推进的重要因素之一是能否获得包括200 多万铁路职工在内的全国人民的支持。扎实稳步地推进铁路货运改革可为全面深化铁路改革铺垫良好的群众基础和口碑，成为确保"统分结合的网运分离"稳步实施的重要保证。

一方面，进一步实行铁路货运改革大大提升了铁路物流的效率和效益，对提高铁路干部职工的收入水平有一定的积极作用，为铁路改革提供了良好的支持作用，同时也提高了铁路干部职工参与铁路改革的动力和积极性；另一方面，让铁路改革的社会评价得到很大程度的提高，让更多人去关心并支持铁路改革的工作，这为"统分结合的网运分离"顺利推进创造了良好的社会环境。

铁路货运改革的最终成果是在做大做强三大专业运输公司的同时，再整合若干货运中心举办一批铁路货运公司，使其获得货运承运人资格。这为进一步深化网运关系调整奠定了基础。

（2）适时推出铁路客运组织改革。

随着我国经济社会的快速发展，铁路客运在整个综合运输体系中的地位和作用愈显突出。自2008年的金融危机以来，铁路货运一直都处于比较低迷的状态，而客运却一直处于持续增长的状态。但仍需要对现有网运关系进行调整，激发铁路客运活力，使客运更符合市场需求，使客运企业重服务、求效益，为旅客提供更多元化、更人性化、更具特色的客运产品。

在铁路货运改革深入进行的同时，可汲取货运改革的成功经验，适时实行铁路客运改革，中国铁路总公司及其下属路局组建一批具有承运人资格的客运公司，促进铁路旅客运输的效益提升，同时也增强社会对铁路改革的好评度，为进一步深化"统分结合的网运分离"改革奠定基础。

（3）启动中国铁路总公司本级改革。

无论是铁路货运组织改革，还是客运组织改革，其最终成果是形成一批具备货物或旅客承运人资格的具有现代企业制度特点的公司，但始终没有脱离中国铁路总公司框架，铁路运输系统仍处于国有资本垄断局面，难以发挥市场机制的作用。所以实现中国铁路总公司本级改革，是"统分结合的网运分离"实施过程中最困难也是最关键的一步，要积极推进一"破"、一"立"两项基本工作。

一"破"是指将广大已成形的客货运输公司剥离中国铁路总公司的体制框架并推向市场，同时允许众多社会资本出资举办各类铁路运营公司，参与铁路客货运输业务。市场上的众多铁路客货运营公司都能够拥有独立的法人资格并拥有承运人资格。"破"的目的还在于即便是很小规模的社会资本也可以参与"统分结合的网运分离"模式下的铁路运营，让很多不同的专注不同的小而精的运营公司参与到铁路客货运营中，加强铁路运输领域的市场竞争能力。

一"立"是把剥离出客货运输业务的中国铁路总公司及18个铁路局（集团公司）整合为一个统一的路网公司，形成一个大型、统一、全面的路网公司。第一目标就是要确保安全正点、提高运输效率，同时消减企业间的利益考量所产生的矛盾。

2．最终目标

将铁路运输的"网"与"运"分离开来，最终形成（1+18）+（3+N）的局面：

（1）路网领域，将中国铁路总公司和18个铁路局集团公司的运营业务剥离，其职能简化为三个方面：一是国家铁路基础设施的建设维护者；二是国家铁路基础服务的提供者；三是与其他各产业融合发展的主导者，不再直接参与铁路客货运经营。继续保持全路一张网，在路网领域形成"一个路网总公司和旗下18个子公司（1+18）"的局面。

（2）运营领域，继续做大做强三大专业运输公司，同时开放整个铁路运输市场，充分引进社会资本，打破铁路运输市场的垄断性，形成众多小、专、精的铁路运输公司，在运营领域形成"三大专业运输公司和N个其他铁路运输公司（3+N）"共同繁荣的局面。

（3）资本领域，依托中国铁路投资有限责任公司（简称"中国铁投"），联合其他国有资本共同组建中国铁路国有资本投资运营公司（简称"中铁国投"）。此项改革与铁路网运关系调整无直接关系，本书不做阐述。

6.2 "统分结合的网运分离"四步走路径

由于我国铁路目前处于持续发展和体制转换时期，运输经营、建设发展、分离分立、改革重组等任务十分繁重，笔者提出分四个阶段完成以"统分结合的网运分离"为基本模式的铁路体制改革。

鉴于目前我国铁路客运发展良好，在多种交通方式中具有较强的竞争力，本次改革方案主要探讨铁路货物运输的网运分离模式。

1．第一步，改革准备阶段

铁总（及其所属各单位）改制是全面深化铁路改革的破局之策。该阶段主要目标是：对铁路所有企事业单位进行资产清查及核对工作；对 17 个非运输主业下属单位以及 18 个铁路局进行改制；在完成对 18 个铁路局的改制后，对中国铁路总公司本级进行改制；推进非运输主业企业和三大专业运输公司的股份制改造；继续深化货运改革、推进铁路客运改革。

（1）开展铁路资产清查工作，防止后续改革过程中出现国有资产流失问题。固定资产在铁路运输企业资产中占的比例很大，以铁路工务段为例，固定资产总额占到资产总额的 95% 以上，可见加强固定资产科学管理是铁路企业财务管理工作的重中之重。

调整铁路网运关系必然涉及路网与运营的业务边界及资产边界，同时为了防范改革进程中国有资产流失的潜在风险，应在继续深入网运关系调整之前，先行实施铁路资产清查工作，为即将展开的网运分离创造良好条件。

（2）积极稳妥地推进铁路企业公司制改革。首先，对铁总所属非运输企业的公司制进行改革，应按照铁总制定的指导意见推进该项改革措施，在铁总规定的时间内完成改制。这部分企业包括中国铁路建设投资公司、中国铁道科学研究院和《人民铁道》报社等 17 家单位。其次，对全国 18 家铁路局进行公司制改革，也即对运输主业的改革（中国铁路总公司下属 18 个铁路局已于 2017 年 11 月完成公司制改革工商变更登记，更名为"中国铁路某某局集团有限公司"）。最后，对中国铁路总公司的公司制改革①，应该按照政企分开的原则，加快构建公司法人治理结构，建立以公司章程为核心的制度体系，让铁总尽快以国有独资公司的形式发挥现代企业制度的体制机制优势，为有关方面积极稳妥论证铁总股份制改造方案争取时间。

（3）推进非运输主业企业和三大专业运输公司的股份制改造（条件具备时可上市）。在改革准备阶段推进三大专业运输股份制改造，一

---

① 为便于阐述，在不引起混淆的情况下，后文不区分中国铁路总公司改制前后名称的差异。

是为了贯彻学习 2019 年中央经济工作会议中关于"加快推动中国铁路总公司股份制改造"的精神；二是为后续推进网运分离做准备。

（4）将 17 家非运输业公司的产权（股权）由铁总划转给其全资子公司——中国铁路投资有限公司（简称"中国铁投"），进一步做实、做强中国铁投，进一步锻炼中国铁投国有资本投资运营能力，为未来组建中国铁路国有资本投资运营公司、赋予其整个铁路行业（装备、工程、路网、运营）国有资本投资运营能力奠定基础。

（5）深化铁路客货运改革。铁路深化货运改革的目标应是对已经存在的货运中心做好划转（转进三大专业运输公司）或整合（举办新的物流公司）的准备工作，厘清行车（路网）与货运（运营）的业务与资产边界。除此之外，可适时成立物流企业或收购、控股现有物流企业，作为网运分离的初步尝试并体现出效益。货运组织改革的重大意义在于能够提高铁路货运效率与效益，有利于提高铁路干部职工的收入水平，从而为铁路改革提供内在动力；能够为铁路创造良好的社会评价，使社会公众关心支持铁路改革，为铁路改革提供外部动力，为"统分结合的网运分离"深入实施夯实改革基础。

2．第二步，运营业务公司化（运营资源整合）阶段

运营业务公司化（运营资源整合）阶段是全面深化铁路改革的第二阶段，重点是推进以下四项工作：一是做实、做大、做强三大专业运输公司；二是把 2013 年以来成立的一批货运营销中心的一部分职能划给货运部，另一部分划给货运受理服务中心①；三是对货运受理服务中心的一部分，可根据铁路向现代物流转型发展的实际需要，以三大专业运输公司融资购买的形式，将其划转进入三大专业运输公司；四是对货运受理服务中心的另一部分，则按照现代企业制度整合而成若干个类似三大专业运输公司的货运运营公司。以上三大专业运输公司与若干个新增的运营公司（简称为"3+N"）构成铁路运营领域的骨干。运营业务公司化（运营资源整合）阶段的实质是在铁总的框架下

---

① 货运受理服务中心的职责包括货运业务集中受理、大客户维护、装载监控、服务质量监督等。

实现初步的、事实上的网运分离。

（1）作为铁总与各铁路集团公司全资的股份制公司，上述若干专业运输公司将承担三大职能：一是初期将成为干线运输的竞争主体；二是中期将成为铁总与铁路局框架内实现网运分离的推动力量；三是中远期将成为融资平台甚至成为上市公司，从而为铁路直接利用资本市场创造有利条件。

（2）本阶段应在铁总统一领导、监督下进行，由各铁路局集团具体实施，从而充分发挥铁总作为现行体制的积极作用。在本阶段目标达成之后，货运、客运、路网三类公司均为中国铁路总公司以及各铁路局集团全资或控股的有限责任公司，则我国铁路将在铁总与18个铁路局集团框架内初步实现事实上的网运分离。

需要特别指出的是，我们之所以强调把一部分货运中心划归三大专业运输公司，另一部分整合成一大批公司，主要是出于未来发展的需要，特别是到资本市场融资的需要。

（1）这些运营公司要经常性地停牌，从而面向社会开展募资活动，并且根据相关监管规定，相邻两次募集资金应间隔较长时间（18个月）方可进行，数量太少不便该类募资活动的开展。

（2）中国铁路运营资产规模巨大，考虑到单个资本市场承受能力有限，铁路运营类资产首次公开发行（IPO）应面向包括中国A股在内的全球资本市场，运营公司具有一定数量将有利于此项工作的开展。

3．第三步，网运分离阶段

该阶段的主要目标是将运营（主要是3+N个运营公司）从路网（主要是"1+18"）中逐步分离出来。将第二阶段中国铁路总公司及18个铁路局集团孵化出的一大批运营公司推向市场，除部分需兜底公益性运输的客货运营公司之外，其余全部流转为社会资本控股或参股的股份有限公司（若具备条件可上市），并允许各类社会资本举办铁路运营公司，铁路运营作为"竞争性业务"彻底面向市场开放，实现较为彻底的网运分离。[36]此时兜底公益性运输的运营公司应实现国资控股的混合所有制改革，并从铁总控股划转为中国铁路投资有限公司控股[①]，18 个铁路局集团不再继续参股。

（1）铁路运营类业务属于充分竞争性业务（铁路军事运输除外），应彻底面向市场开放。在这一阶段的网运分离中，将已成立的各运营公司逐渐推向市场的同时，众多规模较小的社会资本也具有参与铁路运营的可能，因而将产生众多的运营公司，且都具有独立的法人资格及承运人资格，使其在不同层面参与铁路运营并以加强竞争为首要目标。在实现上述股权流转之后，若条件具备，应立法禁止铁总及 18 个铁路集团公司直接面向货主或旅客从事客、货运业务，强制铁总以及各铁路局彻底退出运营类公司，其目的在于为各类社会资本参与运营类公司创造公平的环境。这时，铁路车站的运营模式就能够借鉴我国民航运输的经营模式，铁路车站的业务，除了行车业务归路网公司（全国一张网）之外，其他客运、后勤、商业等业务，可实行属地化管理，由铁路与地方各类资本共同出资举办各类公司来提供丰富多彩的旅行服务，这样不仅可以提高地方参与铁路车站规划、建设、运营的积极性，还能够同时实现铁路混合所有制以及多元化竞争。从民航的经验来看，这种发展模式具有现实上的操作性。

（2）铁路运营公司的股权多元化改革应以混合所有制改革为目标，以股份制公司为最终实现形式，这是贯彻十八届三中全会关于国有企业改革、建立现代企业制度精神的必然要求，是"混合所有制"这一重大理论创新在铁路领域的大胆实践。

（3）如果能在全国范围内形成约 300 家（甚至更多）的运营类上市公司，并且铁总及 18 个铁路集团公司能够通过资本市场流转所持股份，那么按照我国上市公司 150 亿元的平均市值的规模水平（2011 年度为 171 亿元、2012 年度为 129 亿元），以上股权流转可实现约 4.5 万亿元的收益，基本能够覆盖 2018 年铁路约 5 万亿元的负债规模。

（4）这一阶段仍要充分发挥铁总和各铁路局集团公司作为现有体制的作用，调动其参与改革的积极性，以运营公司产权流转来实现铁

---

① 待"中铁国投"成立后，由"中铁国投"持有相关股份，详见"铁路改革研究丛书"之《铁路改革目标与路径研究》。

路混合所有制，并为解决铁路中长期债务提供可靠的途径。

4．第四步，路网整合（路网资源整合）阶段

路网资源整合主要内容包括两项任务：

（1）整合业务站段成立综合段。

将工务、电务、供电合并为工电综合段，推进实施工务、电务、供电、通信多工种管理综合化、维修一体化和大修专业化，建立与铁路发展相适应的劳动组织和生产管理模式。

（2）逐步将"1+18"整合为一个路网集团公司。

对全国路网进行整合，将中国铁路总公司以及剥离了客、货运公司的 18 个铁路局整合为一个统一的路网公司。现有各铁路局集团公司继续保留并成为中铁路网的子公司；现各铁路局集团的调度所可作为路网公司的数个区域调度中心（或派出机构），整合后的路网公司将减少或消除目前各铁路局集团之间基于自身利益的相互纠缠的弊端，有利于在保证安全正点的前提下，将提高效率作为首要目标。

若认为有必要，可将各铁路局集团的调度所整合为中铁路网公司的调度子公司，其职能与特点和本书第 3 章分析民航运输业改革时提到的民航空中交通管理局有类似之处，详见表 6-1。

表 6-1　中铁路网公司（调度子公司）与民航空中交通管理局类比列表

公司名称	服务对象	服务内容	基础设施特点
民航空中交通管理局	各航空公司	空域管理 空中交通流量管理 空中交通服务	导航、监控、通信等设施设备投资巨大，不适合竞争性经营
中铁路网公司	各运输公司	路网设施管理 路网行车组织管理 路网行车服务	铁路线路、信号、通信等设施设备投资巨大，不适合竞争性经营

至于整合后的路网公司形式，是选择国有独资公司还是发展混合所有制公司，是一个值得思量的问题。

（1）如果强调路网领域提供公共产品、承担社会责任、维护国家安全等属性，且路网领域长期以国有独资的形式建设发展，形成了庞

大的国有资产，在进行混合所有制改革时把控不当可能出现国有资产流失，那么路网企业可以继续保持国有独资的企业形式[①]。

（2）在路网领域发展国有控股的混合所有制，在保持国家控制力的同时，具有重要的改革优势，至少可归结为以下两点：一是促进现代企业制度的建立，增强企业活力；二是放大国有资本控制力，增强企业抗风险能力。

中铁路网（集团）股份有限公司与车务、机车、工务、电务、车辆、供电、信息等各专业之间的关系有多种方案可供选择：一是有产权联系的事业部制、子公司制、分公司制等；二是相互平等的平行公司的形式。未来究竟采用何种形式，将在充分考虑国家意志的前提下由股东决定。

值得强调的是，由于要形成全国性的路网公司，建议此项改革由党中央、国务院发布关于全面深化铁路改革的指导性意见之后，由交通运输部（国家铁路局）、国家发改委、财政部等政府部门宏观指导，铁总统一领导，各铁路局集团和三大专业运输公司具体参与。

6.3 "统分结合的网运分离"的特点

"基于统分结合的网运分离"以中共十八届三中全会精神为指导，充分运用了《中共中央关于全面深化改革若干重大问题的决定》提出的一系列理论成果，改革思路具有先进性；以铁路国有资产产权保护与流转为核心，以股份制建立混合所有制企业为实现形式，以公司制的经营方式，以铁路国有企业建立现代企业制度为最终目标，成立一个全国统一的路网公司与一大批运营公司，从而实行网运分开、放开铁路运营等竞争性业务，推进铁路资源配置市场化；中后期以产权流转为手段推进改革，可以充分发挥市场在资源配置中的决定性作用而避免采用行政手段，使改革手段具有持续性。

"统分结合的网运分离"模式将跨越既有"三级管理"体制，对网

---

① 如果除了国资出资人（国资委、财政部或中铁国投）出资，还有多家国有企业出资，则既可以是有限责任公司，也可以是股份有限公司。

运关系和组织结构进行整体调整，传统的铁总与铁路局框架下实施铁路运输生产的模式有"扬"有"弃"——路网建设与维护将区域化，调度指挥"一张网"体现统一性，客货运输服务将更加网络化。

笔者认为，"统分结合的网运分离"可能是中国铁路改革史上的一次具有突破性的管理体制创新。

6.3.1　与 2000 年前后"网运分离"的区别与联系

2000 年前后，我国铁路进行的首次"网运分离"尝试，在现阶段对铁路实施更深层次的基于统分结合的网运分离，具备了更有利的外部条件。

1．社会主义市场经济体制更加完善

20 世纪末，我国初步建立起社会主义市场经济体制，企业市场竞争意识不足，市场化手段欠缺，经济发展活力有待增强。如今已进入社会主义市场经济完善成熟阶段，社会生产力、综合国力和人民生活水平均有显著提高[50]。产权股权多元化、融资渠道多元化等市场化手段在大型国有企业中的成功运用，同样为全面深化铁路改革搭建了很好的平台。

例如，诚通试点经营国有资产。中国诚通控股集团有限公司作为首家国有资产经营试点企业，坚持加快国有资产资本化、优化国有资本配置结构。在托管中国铁路物资总公司后的短短 3 个月，诚通集团通过自筹资金、清收欠款、盘活资产，连续兑付 5 笔总计 48 亿元的到期债券，成功化解了中国铁物债务兑付的危机。

目前，铁路企业进入资本市场相比 2000 年前后已经具有更好、更成熟的条件。

一是可利用已有优质路网资源。广深铁路和大秦铁路作为中国铁路总公司下辖的典型优质资产，已分别于 1996 年和 2006 年进入资本市场上市融资。在我国全面深化铁路改革的进程中，可充分借鉴上述上市公司的融资经验，并以此为平台，通过市场手段逐步吸纳全国路网资产，进而实现路网的统一。

二是可利用已有优质运营资源。中铁铁龙集装箱物流股份有限公司于 1998 年在上海证交所上市，成为铁路第一家 A 股上市公司，经历市场不断洗礼，铁龙物流已发展成为资产质量优良、主营业务突出、营利能力强、管理现代化的企业集团，是铁路行业探索现代物流业的示范性企业。铁龙物流既是铁路市场化改革的排头兵，也是实施"统分结合的网运分离"过程中的坐标系。

三是中铁集装箱运输有限责任公司、中铁特货运输有限责任公司、中铁快运股份有限公司可紧随其后，尽快实现优质资产的上市融资，建立企业混合所有制，进而带动和培育一批各种规模的管理现代化的客货运专业运输（运营）公司。

可见，资本市场本身的发展为铁路下一阶段深化改革创造了良好的外部条件；铁路路网和运营领域若干个已上市平台为"网运分离"后各类型现代铁路企业的孕育和发展提供了参考价值和成功经验。

2．其他国企改革经验可供借鉴

在我国国有企业改革的历史进程中，自 20 世纪 90 年代以来，广大国有企业才逐步从传统体制下的政府附属物转变为自主经营的经济实体，1998—2000 年这三年被视为改革脱困的三年，这是经济转轨必然要求的结构调整，其主要任务是把一个庞大的经济体系从计划经济转到市场经济。尽管这一阶段创造了改革的氛围，突破了改革的瓶颈，实现了改革的阶段性转换，但是由于国有资产出资人等相应的制度条件不具备，并没有形成所有权和经营权相分离的分权制衡体制，不能真正按照现代企业制度规范运行，决策和管理模式依然受制于旧体制，企业的动力机制和约束机制都很不健全，到 21 世纪初期，我国众多大型国有企业仍面临着制度建设不完善、体制性难题未破解、企业社会负担和人员包袱未完全解决等难题[51]。

而且，不同于国有中小企业改制和国有大中型困难企业政策性关闭破产，铁路具有明显的网络型自然垄断性质，铁路改革本身就是一项世界难题，而且我国国情特殊，无法直接照搬国外的改革经验。在这一阶段对铁路经营管理体制进行探索革新，虽然顺应深入国企改革的大潮，但全国上下尚未有类似企业成功改革转型的先例，铁路只能

"摸着石头过河"。

但是，具有类似网络型自然垄断性质的通信、电力、民航运输、油气等领域，经过若干次改革实践探索，特别是中共十八届三中全会以来，各行业均根据该行业特点，实行网运分开、放开竞争性业务的探索，现已初见成效，对铁路改革具有很好的借鉴价值。

3. 铁路发展水平大幅提高

截至 2016 年年底，全国铁路营业里程已达 12.4 万千米，路网密度达到 129 千米/万平方千米。其中高速铁路 2.2 万千米以上，中西部铁路营业里程扩充至 9.5 万千米，占比达到 76.6%。而 2000 年全国铁路营业里程仅有 6.87 万千米，且线路等级较低、运输组织水平落后、机车车辆等装备条件差，特别是中西部地区铁路尚未成网，运输供给远不能满足运输需求。当时的国情、路情决定了铁路仍作为国家的宏观调控手段支撑国民经济社会发展，难以通过市场调节实现资源的优化配置。而网运分离模式旨在把具有自然垄断性的国家铁路网基础设施与具有市场竞争性的铁路客货运输分离开，进而形成多主体参与运输市场竞争的局面，促进资源的优化配置。所以，当时的路情与网运分离模式的不适应性决定了 2000 年前后的网运分离实践难以深入进行。目前，我国铁路规模与质量已经今非昔比，铁路发展水平大幅提高，为重启铁路网运分离创造了十分有利的条件。

2003 年成立的中铁集装箱运输有限责任公司、中铁特货运输有限责任公司、中铁快运股份有限公司，作为专业运输公司与铁路路网保持相对独立且已经运行达 10 余年之久，它们的分公司与铁路局（集团）的关系多次调整，为接下来的铁路网运关系调整积累了大量宝贵经验。

4. 社会运输需求显著增加

货运方面，国家统计局数据显示，2000 年全国快递量为 11 031.40 万件，2015 年激增到 2 066 636.84 万件。在我国物流市场需求旺盛的背景下，众多小、精、专的专线物流公司应运而生。这些专线公司专门开展点对点的运输，例如，实现成都至青岛 46 小时到、重庆至广州 22 小时到、成都至沈阳 42 小时到的运到时限。按照铁路传统的运输组织方法，这种运到时效铁路难以达到。铁路货改中成立的若干货运中心即可仿照公路物流，可整合孵化成立铁路专线运输公司，负责城际干线运输，或根据运行线组建运输公司，通过租用路网公司的运行线，增强运到时限的竞争力，进而融入物流市场竞争。

客运方面，全社会旅客运输量由 2000 年的 1 478 573 万人增长到 2015 年的 1 943 271 万人，其中铁路客运量增长了 148 411 万人，铁路市场份额达到 13%。随着全国快速铁路网的日渐成熟，安全、舒适、便捷的高铁列车成为旅客出行首选，大量公路、民航客流转移到铁路。以上海虹桥站为例，2011 年上海虹桥站仅有京沪、沪宁、沪杭三条高铁，日均旅客发送量在 6 万左右，到 2016 年上半年，上海虹桥站日均客发近 14 万人次，单日最高纪录则超过 25 万人次，分别较 2011 年增长了 133% 和 317%。每日运营时间内平均两分多钟就会有一趟列车驶离或到达上海虹桥站，高铁的拉动和辐射效应正随着"公交化"运营的逐步实现而日渐显现，这将带来客流量的"蛙跳式"增长。

可见，当今社会运输需求已今非昔比。延续以往的铁路经营管理体制已无法高质量地满足现今的社会运输需求，实行铁路网运关系调整有了更为迫切的外在推动力。开展可竞争性的经营业务，形成多个市场主体参与运输市场竞争的局面，将有利于全行业的运输质量提升和全社会的资源优化配置。

6.3.2 自下而上与顶层设计相结合的创新

顶层设计是任何一项改革的根基，将确定改革的目标与路径，对改革成败起着决定性作用，往往需要很长时间的论证。中国铁路以往的改革多遵循"自上而下"的路径展开，以中国铁路总公司作为发起者，铁路局作为执行者，全路以统一的形式，在同一时间实施改革。"自上而下"的改革对促进铁路与市场经济体制接轨，推动铁路的发展确实发挥了重要的作用。但遵循"自上而下"路径实施的改革，始终不能有效地解决作为微观层次的铁路运输企业建立现代企业制度的问题。

相较于其他一些改革方案提出的通过行政手段成立多家"中"字头的大型、特大型铁路客货运营公司，投资公司，路网公司，本书提出的"四步走"路径在注重顶层设计的同时，特别强调自下而上的探索。鉴于铁路网运关系问题是全面深化铁路改革实践层面的首要关键问题，其中路网与运营的业务边界、资产边界很难在顶层设计阶段明确界定，一旦判断失误，极有可能造成铁路系统内部混乱，导致改革的最终夭折。

实施"基于统分结合的网运分离"改革，将以往的"顶层设计+自上而下"的改革路径转变为"顶层设计+自下而上"的改革路径。改革是从建立若干个规范的铁路客运公司、货运公司、专业公司开始启动，然后政府逐步退出对铁路运输企业的直接管理和经营，实现铁路行业的所有权和经营权分离、政企分开。

笔者针对"统分结合的网运分离"的顶层设计提出以下建议：（1）成立对最高决策层负责的国家铁路改革咨询委员会，向最高决策层提出改革方案《建议》；（2）由中共中央（办公厅）、国务院（办公厅）下发《关于进一步深化铁路体制改革的意见》；（3）由国务院各相关部门根据以上"两办"意见与咨询机构建议，完成铁路改革相关法案（或草案）的制定或修订工作，提交国务院审议；（4）提交全国人大审议通过，形成法律；（5）广泛宣传，明确改革时间、目标和路径，促进社会认同。

值得强调的是，在顶层设计中必须制定完善的全面深化铁路改革的保障机制，以铁路投融资体制改革、混合所有制的建立、现代企业制度的建立、中长期债务处置以及铁路公益性补偿为立法对象，以明晰政企关系、权责及经营范围，明确企业合理收益、完善公益性补偿机制等为主要内容，确保改革决策与立法相衔接。完善铁路立法是我国铁路改革稳步推进的重要保障，也是对中央全面深化改革领导小组第二次会议和十八届四中全会中"实现立法和改革决策相衔接，做到重大改革于法有据、立法主动适应改革和经济社会发展需要"重要思想的积极响应与具体体现。以立法的形式促进铁路体制改革、保证铁路企业发展的可持续性与跨越性、规范铁路运输市场和建立符合市场经济体制的监管模式，已经成为铁路企业适应未来发展的内在需要，这样不仅能够提升铁路企业的竞争力，更能够保证社会的稳定。

本书提出的"四步走"方案是在保持铁总和 18 个铁路局集团的框架基本不变的情况下，在做大做强三大专业运输公司的同时，逐步新成立至少 300 家客货运公司，铁总和 18 个铁路局全是这些公司的股东，然后由这些客货运公司从事运营业务，他们既是运输业务的主体，也是以后进行资本运作的平台。由于这些公司由"1+18"按照现代企业制度建立，便于资本运作，逐步向社会资本扩股，于是国有资产的比重越来越小，直至最后完全退出。这种资本运作的过程，既是网运分离的过程，也是混合所有制的过程，同时还是债务处置的过程。

此方案将这些工作完全交给市场来完成，无须任何人力来推动，只需要依法予以保障即可。

前两步（即改革准备阶段和运营业务公司化阶段）均在铁总框架内、在严格的外部监督下进行，乐观估计在半年之内可成立为数不多的第一批货运公司作为试点，一年之内可成立达到预期数量（如 300家）的第二批客货运公司。这些货运公司初期可以只经营一条或几条列车运行线，资产边界、业务边界、人员安排十分明确，既能够立即与公路专线运输公司展开竞争与合作，也能够在后续改革中发挥市场主体作用。

第三步（即网运分离阶段）将在社会监督下，充分发挥客运公司、货运公司的市场主体作用，按照市场规律，有序让铁总退出运营领域，从而实现铁总由网运高度融合的网运合一企业向中国路网公司的"瘦身健体"。

第四步（即路网整合阶段）将完成了"瘦身"的中国铁路总公司和 18 个铁路局集团顺理成章地重组为中国铁路路网（集团）股份有限公司。

"四步走"方案是"顶层设计+自下而上"的改革路径，高举低打，强调市场手段多一些。其特点是改革路径稳中求进、网运关系调整水到渠成，铁总将发挥重要的体制优势，大型或特大型国有运营企业相对较少，社会资本进入铁路运营领域可能性大大加强，铁路运营业务作为"竞争性业务"能够充分放开。

6.3.3　铁总的体制优势与市场机制相结合

毫无疑问，存续数十年之久的"中国铁路总公司（原铁道部）+铁路局"体制已经形成了相对固化的体制优势。"四步走"方案可在顶层设计予以明确之后，在外部有效监督、铁总强力主导下快速推进，既能充分利用铁总的体制优势，又能以市场手段逐步推进改革。

1．中国铁路总公司的优势

一是体制优势。"一支穿云箭，千军万马来相见"。在铁路行业，除了铁总，目前还没有任何机构能够具有这样的体制优势。如果这样的体制优势不用来为全面深化铁路改革发挥作用，实属可惜。由铁总发挥体制优势，成立一大批具有现代企业特点的运营类客货运公司，估计能够控制在两年内完成；接下来再利用三年时间，适时选择优质的客货运营企业在内地、香港或国外实现 IPO，则混合所有制得以完成，社会化融资亦可取得重要进展。

二是政治优势。铁总及其 210 万干部职工的队伍默默奉献、埋头苦干、刻苦钻研、奋力创新，在短短的十几年里取得了令人瞩目的成就，特别是中国高铁已经成为享誉世界的国家名片，多次受到党和国家领导人的高度肯定，如果没有铁总体制的政治优势，这几乎是不可能完成的。在其他行业不断改革的十几年里，铁路却在专注于技术的发展，埋头发展多一些，思考改革少一些。笔者认为，一旦铁路改革顶层设计予以明确，只需一声令下，铁总将充分发挥政治优势，将会在改革进程中发挥前所未有、不可替代的重要作用。

三是认同优势或者文化优势。"铁总（原铁道部）+铁路局"体制存在了几十年，已经在铁路广大干部职工中形成了强烈的归属感与认同意识。对很多铁路干部职工来说，虽然成立了很多这样或那样的公司，但如果铁总没有了或要离开铁总，依旧是一件令人不敢想象的事情。一旦破坏了铁路干部职工的归属感与认同优势，有可能会对全面深化铁路改革带来不必要的阻力。相反，如果在铁总的框架下，由铁总与 18 个铁路局交叉持股，迅速成立一大批运营类公司，这些运营类公司的控股东、大股东甚至全部股东都是铁总与18个铁路局,广大干部职工心理上或许更能接受。

鉴于铁总具有体制优势、政治优势和文化优势,"四步走"方案在铁路改革顶层设计中鼓励铁总积极发挥作用:前两步即"改革准备阶段""运营业务公司化阶段"两个阶段,完全可以都在铁总及其所属18个铁路局的框架内实施,以充分发挥现有铁路体制的作用;而第三步"网运分离阶段"前半段也可以在铁总及其所属18个铁路局的框架内实施。待时机成熟后出台相关法律法规,要求铁总彻底退出运营类公司股份,此时铁总已经在事实上"瘦身"成为"中铁路网公司"、各铁路局成为路网公司的"分公司";第四步"路网整合"阶段由名为"中国铁路总公司""铁路局集团"(实为"中国路网总公司"及其分公司)来实施,目标是重组为"中国铁路路网(集团)股份有限公司"。

在上述改革过程中,铁总一直能够发挥积极的作用,直至最后瘦身成为"中国铁路路网(集团)股份有限公司"。路网的改革一直处于顺势而为的状态,以铁路路网之不变、少变应运营改革之万变,这对强化铁改安全基础、确保铁改顺利进行,具有极其重要的作用。

2．与市场机制的结合

一是"快":(1)铁总能够发挥体制优势,能够在小范围试点获得经验之后快速成立一大批具有现代企业制度特点的(客、货运)运营类公司,估计能够控制在两年以内甚至在更短时间内完成;(2)这些运营公司早期可以只经营一两条列车运行线,它们不仅"小而精",而且还能得到作为大股东的铁总与18个铁路局的支持,能够快速展开与公路专线运输公司的竞争与合作,从而在一个至少4万亿元的干线整车运输市场中快速成长起来;(3)在随后的几年里,可适时选择优质的客货运运营企业在内地、香港或国外实现IPO,则混合所有制能够快速实现,社会化融资亦可取得重要进展。

二是"准":这一大批运营公司是以市场手段推进全面深化铁路改革的主体与主力,改革中出现的资产边界、业务边界、人员安排等繁杂的问题完全可交给市场自行解决，从而避免可能因认识存在局限性而对上述问题缺乏妥当安排，政府和铁总要做的就是加强资产清查与审计，避免国有资产流失。

三是"稳"：铁总在改革进程中从开始的网运合一形态，直到最后瘦身成为"路网公司"，一直处于存续状态，对铁路安全起基础性作用的调度指挥系统自始至终处于相对稳定状态，以"路网"之"不变"应"运营"之"万变"，对铁路安全、稳定、改革具有重要而现实的意义。

6.4 本章小结

本章的主要工作为：

（1）明确了实施"统分结合的网运分离"的总体思路。

（2）详细阐述了"统分结合的网运分离"四步走实施路径。

（3）分析了现阶段实施更深层次的网运分离与上一轮"网运分离"实践的区别与联系，分析了"基于统分结合的网运分离"的自下而上与顶层设计相结合的特点。

本章的主要观点为：

（1）"统分结合的网运分离"的实施可充分利用现阶段正在实施的铁路货运组织改革成果持续、深入推进。

（2）相较于 2000 年前后我国铁路进行的首次"网运分离"尝试，现阶段社会主义市场经济体制趋于完善，借鉴其他国企改革成功经验，铁路发展水平提高，社会运输需求强劲，这些外部条件均对铁路实施更深层次的基于统分结合的网运分离非常有利。

（3）"四步走"实施路径是以铁总及 18 个铁路局为主要股东，并在铁总框架内在做大做强三大专业运输公司的同时，按照现代企业制度成立一大批（客、货运）运营公司。这些公司将充分发挥运输市场的竞争主体、网运分离的推动力量、资本市场的融资平台三大功能，它们是未来深化铁路改革的日常性、持续性的推动力量，它把市场竞争、网运分离、资本运作、混合所有制、债务处置等过程有机结合在一起实现。

（4）"四步走"实施路径是"顶层设计+自下而上"的改革路径，高举低打，强调市场手段多一些，铁总和 18 个铁路局作为运营公司的主要股东将发挥重要的作用，同时社会资本进入铁路运营领域可能性大，"竞争性业务"能够充分放开。

（5）"四步走"实施路径将在外部有效监督、铁总强力主导下快速推进，既能充分利用铁总的体制优势，又能以市场手段逐步推进改革。

第 7 章　基于统分结合的网运分离：后续改革

网运关系问题是全面深化铁路改革实践层面的首要关键问题。铁路网运关系调整是全面深化铁路改革的突破口，是解决铁路诸多深层次问题的破门斧。基于统分结合的网运分离为全面深化铁路改革一系列关键问题的解决创造了有利条件。

7.1　铁路改革的全面深入推进

基于统分结合的网运分离将有效打破铁路投融资体制、公益性补偿、中长期债务等方面存在的障碍，不仅适应于我国国情、路情，还符合中长期铁路改革发展的需要，为推进铁路上述各项改革工作创造有利条件。

7.1.1　建立现代企业制度

现代企业制度[53]是以市场经济为基础，以完善的企业法人制度为主体，以有限责任制度为核心，以公司企业、股份企业为主要形式，以产权清晰、权责明确、政企分开、管理科学为条件的新型企业制度。

铁路建立现代企业制度就是在企业建立规范化的法人财产制度、有限责任制度和法人治理结构，使之成为产权主体多元化、运输经营市场化、经济增长集约化、企业管理科学化的市场经济主体，在国家宏观调控下，更好地发挥铁路在国民经济中的作用，更有效地提高铁路的经济效益和社会效益[53]。

基于统分结合的网运分离将释放政府对行业的过多管制，促进铁路运输企业成长为真正的市场主体，为加速铁路公司制、股份制改革，建立和完善铁路现代企业制度提供有利的外部环境。

统分结合的网运分离之后，现有铁路运输企业政企不分、公益性与经营性交织的情况将得到极大改善。对铁路运营企业来说，网运分离可以获取充分的市场主体地位，拥有建立现代企业制度的主观能动性，开放的铁路市场竞争环境同时也给予了企业促进自身发展的外部动力与压力；对路网企业来讲，网运分离剥离了原有的运营业务，使路网的企业性质与目标更加清晰，在企业管理方面清除了公益与经营的"两难"障碍。

在企业内部建立先进的企业经营制度是企业长期良好发展的关键。长期的实践证明，在现有的铁路体制下，我们通过改善企业管理来促进铁路运输发展的初衷实现起来非常困难，由此可以认为体制是制约铁路企业管理的瓶颈。也就是说，在现有的铁路体制下，即便建立现代企业制度，它的先进性与有效性也会受到制约（事实上，大秦铁路、广深铁路作为网运合一的上市公司，它们于上市之后在发挥市场机制优势方面的作用十分有限）。充分发挥现代企业制度的先进性，前提是打破体制的瓶颈。这也是本丛书将"网运分离"作为铁路改革在实践层面的首要关键问题的重要原因。

7.1.2 发展混合所有制

混合所有制经济是相对于公有制和非公有制经济而言的财产所有结构，是我国基本经济制度的重要实现形式，发展混合所有制经济能够放大国有资本、提高企业的竞争力。在完全国资背景下，需要 100% 的国资来控制；而在混合所有制下，低至 50.01% 即可绝对控股，相对控股甚至只需要持有 20% 左右的股权即可。发展混合所有制不仅不会影响国有资本的控制作用，而且能放大国有资本的控制力和影响力。

发展铁路混合所有制就是要实现铁路产权的多元化，党的十八届三中全会通过的《中共中央关于全面深化改革若干重大问题的决定》[54]明确强调："产权是所有制的核心""国家保护各种所有制经济产权和合法利益"，再次重申要"健全归属清晰、权责明确、保护严格、流转顺畅的现代产权制度"。产权多元化是将铁路国有资本与社会资本等各种所有制资本相结合的内在要求，其目的在于转机建制，即发挥无形的手，让市场机制在优化资源配置中起决定性作用，进一步促进铁路产业升级和结构优化，放大铁路国有资本的控制力。

在进行铁路网运关系调整的过程中，就是要对铁路现有资产进行彻底清查，厘清铁路国有资产的边界，对铁路企业从产权关系上摆脱对政府的依赖，打破所有制、行政区划的限制，扫除市场进入壁垒和障碍，消除经营权垄断等方面具有重要意义，同时促进运输企业之间的相互竞争。

统分结合的网运分离之后，路网企业是选择国有独资还是发展混合所有制，是一个值得考虑的问题。如果强调路网领域提供公共产品、承担社会责任、维护国家安全等属性，且路网领域长期以国有独资的形式建设发展，形成了庞大的国有资产，在进行混合所有制改革时把控不当可能出现国有资产流失，那么路网企业可以继续保持国有独资的企业形式。但在路网领域发展国有控股的混合所有制，在保持国家控制力的同时，具有重大的改革优势，可归结为以下两点。

1. 促进现代企业制度的建立，增强企业活力

在路网垄断领域推行混合所有制，有利于促进体制机制的创新，形成股权结构多元、股东行为规范、内部约束有效、运行高效灵活的市场化经营机制。避免重蹈以往国有企业体大臃肿、企业制度构建不全、效率低下的覆辙。

无论是发展混合所有制还是国有独资，在企业内部建立现代企业经营制度才是企业长期良好发展的关键。混合所有制对建立现代企业制度具有明显、迅速的推动作用。路网领域的政企关系具有复杂性，且路网又具有自然垄断属性，在国家铁路财政补偿机制不完善的背景下，继续在路网领域保持国有独资，会导致企业体制机制改革缺乏外在推动力，放慢现代企业制度建立的进程。而运营类的运输企业鉴于

其单纯的运输营利性，则可以充分发挥混合所有制的优势，以促进铁路运输行业的发展，这也充分体现了网运分离的优势。

2. 解决铁路中长期债务问题，放大国有资本，增强企业抗风险能力

路网领域投资体量大、回报周期长，长期依赖国家财政的支持。2013年，铁路改革并成立中国铁路总公司，铁路行业正式开始作为企业自负盈亏。2017年，铁总负债约 49 878 亿元，还本付息支出达到 5 405 亿元。目前，随着国家路网改扩建的发展，中国铁路总公司面临债务规模大、负债率高、债务规模加速扩大的巨大挑战。但也应注意到，铁路负债急剧增加的同时形成了大量的铁路优质资产。在路网领域推行股份制，通过"债转股"的形式可盘活大量优质的国有铁路资产，可以有效解决铁路中长期债务问题，减轻企业经营的财务负担。

基于路网领域在国民经济与国家政治中的重要地位，路网公司作为国有控股企业，始终拥有国家财政的隐形支持，但将路网公司作为普通企业来看，企业资本结构的多元化，会增强企业的抗风险能力，这无形中减轻了国家财政的压力。发展混合所有制经济还能够放大国有资本、提高企业的竞争力。

7.1.3 促进铁路投融资体制改革

1. 网运合一阻碍铁路投融资体制改革

（1）投资主体构成单调、融资方式单一。

我国铁路目前主要有国有铁路、合资铁路和地方铁路三种形式。从20世纪90年代至21世纪初的十年中，铁道部用于地方铁路建设的投资约为 6.35 亿元，仅占铁路基本建设投资的 0.2%，即便近几年地方铁路投资量也仅为国有铁路的几十分之一。目前，进入铁路的社会资本成分中，大部分来自大型国企和地方政府，而数量更为庞大的民营资本与私人资本还缺乏参与铁路投资的积极性（事实上可能性也不大）。

（2）社会资本投资总量偏小、融资渠道封闭。

自 2011 年下半年铁道部首次出现大面积资金缺口以来，铁路建设资金缺口正以惊人的速度扩大。目前铁路行业"政企分开"之后，参与铁路投资的社会资本总量仍很小，无法从根本上缓解铁路建设发展的资金压力。

铁路发展基金以及铁路投资公司的成立，为大型国有资本进入铁路创造了良好的条件。但是，这种模式目前只适于大型国有资本，并且短期内的营利情况并不理想，广泛而零散的社会资本尤其是民间资本仍然缺乏进入铁路的动力和积极性。

（3）铁路投融资项目融资之"难"。

中国工程院院士王梦恕表示："虽然国务院出台了专门文件，但是现在看来，社会资本投资铁路仍是'雷声大雨点小'，社会资本观望情绪浓厚，由于没有配套细则，很多政策落不了地。"

由于社会资本投资修建的铁路投入运营后会与国铁形成竞争，在此背景下，国家有关部门把社会资本投资的铁路纳入国家铁路网的积极性并不高。对社会资本投资的铁路而言，这是致命瓶颈，也是投资者最大的担心。

（4）铁路投融资项目融资之"贵"。

以往的铁路建设投资，大部分是靠铁路自身贷款和铁路自有资金，再加上一部分国家投资以及地方或企业投资。虽然我国铁路近年来实现了快速发展，但这种近乎单一的投融资体制也使铁路系统不堪重负。近年来，随着铁路基建投资持续高位运行，我国铁路形成了以负债为主的筹融资模式。

一条铁路的建设投资，动辄几十亿元、上百亿元甚至上千亿元。如果仍然按照以往的模式，单靠铁总一家不仅会继续加重铁总负担，也会影响未来铁路的发展。如表 7-1 所示，比较 2015 年前三季度与 2014 年同期数据，中国铁路总公司负债水平与亏损程度可见一斑，还本付息压力陡增。2017 年，铁总负债约 49 878 亿元，还本付息支出达到 5 405 亿元。可见，铁路投资项目融资贵的问题十分突出。

表 7-1　铁总 2015 年前三季度与 2014 年同期盈亏分析表

审计项目	2015 年前三季度	2014 年前三季度	增减幅度
实际收入/亿元	合计：6 577.7	合计：7 329.7	－ 10.2%
	运输：4 447.7	运输：4 447.7	－ 0.29%
	客运：1 930.75	客运：1 671.2	+15.53%
	货运：1 741.12	货运：1 915.2	－ 9.09%
	其他：2 130.0	其他：2 882.0	-26.10%
税后亏损/亿元	94.35	34.42	+174.11%
负债水平/万亿元	总资产：5.97	总资产：5.45	+9.50%
	总负债：3.94	总负债：3.53	+11.60%
	长期负债：3.28	长期负债：2.89	+13.50%
	负债率：66.0%	负债率：66.32%	－ 1.31%
还本付息/亿元	2 237.98	2 015.52	+11.04%

（5）铁路投融资受到体制机制的明显制约。

改革铁路投融资体制，开放社会资本进入铁路，创造良好的投融资环境是关键。我国铁路长期实行网运合一的管理体制，铁路投融资体制改革受其制约十分明显。

一是国家铁路（铁总）拥有调度指挥权，社会资本背景的铁路在运输组织上不可避免地受制于国家铁路，特别是在运能运量矛盾突出的情况下更加严重。投入巨资修建的铁路，在运营上却几乎没有自主权，极大地打击了社会资本投资铁路的积极性。

二是铁路属于网络型自然垄断行业，一般具有投资规模较大的突出特点，社会资本（特别是民营资本、私人资本）一般规模较小，很难与铁路投资项目所需的资金量相适应。

三是一些社会资本在进入铁路之前，对铁路基金收益分享模式、拥有铁路所有权和经营权后是否拥有与其股份相对等的话语权等问题还有所顾虑。

2．网运关系调整将促进铁路投融资改革

在网运合一的条件下，路网的垄断性、公益性与运营的竞争性、经营性，二者相互交织、互相干扰、相互绑架，这是社会资本不敢贸然进入铁路领域的根本原因。路网建设需要巨额的资金，庞大的投资规模让体量较小的社会资本难以进入路网领域，这一特点是铁路固有的投资壁垒。可见，在网运合一的体制下，这个壁垒同样限制了资本进入铁路运营领域。

实施统分结合的网运分离，虽然没有改变路网建设需要巨额资金的这一特点，但使体量较小的社会资本参与铁路运营成为可能。进行统分结合的网运分离可极大地改善铁路投融资环境，提高社会资本进入铁路的积极性。

（1）促进国家有关部门政策调整。

在网运合一的经营体制下，由于社会资本投资修建的铁路投入运营后会与国铁形成竞争，在此背景下，国家有关部门把社会资本投资的铁路纳入国家铁路网的积极性并不高。网运分离之后，整个铁路运营市场是一个开放的竞争环境，社会资本投资修建的铁路与国铁不再形成竞争关系，而是共同作为铁路基础设施为铁路运营市场提供服务。网运分离的体制将会促进各类资本修建的铁路在国家政策上的平等性。

（2）使投资主体可参与运营。

目前，铁总在铁路建设、运营方面仍有绝对的主导权，社会资本投入巨资修建的铁路，在运营上几乎没有自主权，极大地打击了社会资本投资铁路的积极性。统分结合的网运分离之后，尽管全国路网仍然保持统一调度，但各条列车运行线的经营却是一个开放的市场，不再受制于路网公司，这也意味着社会资本投资的铁路将享有运营自主权。统分结合的网运分离体制将打破目前国铁与其他资本的铁路之间不平等的经营管理关系。

（3）吸引社会资本进入铁路领域。

网运分离的经营管理体制可以进一步激发铁路运输市场对资本的吸引力。网运分离的经营管理体制将会释放铁路运输市场活力，促进铁路运输发展，发展良好的铁路运输市场会自然而然地吸引资本进入。

值得强调的是，社会资本本身是个大概念，并不仅限于私营资本和自然人资本，还可包括其他央企资本（如中国中车、中国宝武集团）、地方国资（如四川省铁路产业投资集团有限责任公司、江苏省铁路集团有限公司）。对于地方性质的铁路投资公司，其铁路投资建设范围并不只限于地方，如四川铁投、江苏铁投除了投资建设四川、江苏的铁路以外，他们还可以作为未来中铁国投的出资人，作为股东依法享有不属于本省范围内的铁路经营收益。

7.1.4　解决铁路中长期债务问题

十多年来，我国铁路飞速发展，截至 2016 年年底，铁路运营总里程达 12.4 万千米，其中高速铁路运营里程达 2.2 万千米，占世界高铁运营总里程的 60% 以上，位居全球第一。总体来说，我国高速铁路网络基本成型，关键技术世界领先。但是，铁路高速发展也带来了巨额债务问题。据统计，截至 2017 年 9 月 30 日，铁总负债达 4.825 万亿元，较 2016 年年末 4.72 万亿元增长约 1 000 亿，较 2016 年同期 4.3 万亿元增长约 12.2%。

巨额负债带来了巨大的还本付息压力。根据铁总各相关年度财务报告，铁总 2014 年年底至 2017 年还本付息分别是 2 157.39 亿元、3 301.84 亿元、3 385.12 亿元、6 203.35 亿元、5 405.07 亿元，其中仅利息支出分别高达 535.33 亿元、629.98 亿元、779.16 亿元、752.16 亿元、760.21 亿元。因此，如何安全合理地处置铁路债务已经成为全面深化铁路改革亟须解决的关键问题之一。债务处置一般有债务免除、债转股、产权流转等形式，基于统分结合的网运分离为社会资本进入铁路并解决中长期债务问题提供了重要条件。对已经形成的债务，铁总进行公司制改革之后，遵循《公司法》经营，可将部分股权抵偿债权。但是中国铁路总公司负债金额巨大，且大部分来源于银行贷款，为了规避金融风险，并不直接由银行持有铁总股权，而是成立中国铁路资产投资运营公司（简称中铁国投），由它收购并经营股权。

债转股具体思路如下：① 国务院下发文件同意中国铁路总公司从全民所有制企业改制为国有独资公司，公司遵循《公司法》经营。② 从中国铁路总公司（国有独资公司）剥离资产运营与开发部门成立中铁国投，同时国务院授权财政部向该公司注资。③ 由国务院授权财政部下发文件确定中铁国投收购铁总（国有独资公司）股权范围与额度。中铁国投溢价收购铁路股权，铁总得到资金后偿还银行贷款。这样做的好处是对于银行则减少不良资产，降低金融风险；对于铁总则转移债务风险，由中铁国投专门经营并出售股权。④ 中铁国投经营的产品是铁总的部分股权，因此国务院授权财政部明确第三方购买资质，避免国有资产流失。

除此之外，还可采用产权（股权）流转的处理方式，中国铁路总公司能否进行产权流转的前提是公司改制为混合所有制公司。此时公司性质允许私有资本参与运营，且铁路股权可在资本市场自由流通。不过铁路作为我国经济大动脉和重要的战略产业，国家必须绝对控股。

产权（股权）流转具体思路：① 国务院授权铁总（国有独资公司）进行混合所有制改革，原则上由国家控股，其他性质资本参与经营；② 国务院授权财政部（或国资委）控股中国铁路资产投资运营公司，并担任出资人职责，控股 51% 及以上；③ 允许各类社会以公允价值收购铁总（混合所有制公司）股权，总量控制在 49% 及以下，并允许该部分股权在资本市场上自由流通；④ 铁总（混合所有制公司）利用股权出售所得偿还银行贷款。

统分结合的网运分离对新增债务也具有较好的缓解作用。分离形成的一家路网公司和多家运营公司成为独立公司，真正承担自负盈亏，通过提升自身的工作效率和服务质量，获取更大的效益。随着投融资体制改革的深入，更多的社会投资将有效填补铁路资金缺口。路网公司倘若采取国有控股的企业形式，那么可通过发行股票、出售或租售列车运行线和机车车辆等手段获取资金来源，用以新建线路、维护线路、偿还债务等。运营公司由众多社会资本组建而成，可通过运输本身及运输过程中的增值业务获利，用以不断提升自身的服务水平、设计更多符合市场需求的运输产品等，以保证市场竞争的优势，进而获取更高的收益。

在铁路网运关系调整之后，路网公司可通过债转股等方式以处置部分存量债务，吸引汇聚社会资本投资路网，从而解决增量债务；运营公司可通过产权流转、吸引社会资本进入以解决增量或存量债务。

7.1.5 公益性补偿机制

建立铁路公益性补偿机制是全面深化铁路改革的一个关键问题。

目前，我国铁路实行的公益性补偿形式是"政府内部转移支付"，即采用交叉补贴、税收减免、铁路建设基金等形式，这种公益性补偿存在缺乏系统的制度设计、政府单方面决策为主与社会参与不足、补偿范围界定方法不够科学合理、公益性补偿对象和补偿方式不完善、补偿标准和方法缺乏科学基础、监督机制缺乏及补偿效果不明显等问题。

我国较早时期的铁路管理体制是在计划经济时代所制定的、具有政企合一特征的铁路管理体制。在政企合一时期，铁道部既是铁路行业的行政主管部门，又直接经营管理国有铁路运输企业；既代表国家行使国有资产的监督管理权，又有资产经营权；既是行业法规、条例的制定者，又是这些法规和条例的执行者。对于铁路系统，公共基础设施所带来的公益性效应，最大受益者是政府，企业是运输服务的供给者。在政企合一时期，铁路兼具政府和企业职能，铁路既是补偿主体，又是补偿对象，两者若不能区分和明确，补偿政策的制定以及补偿项目的具体实施将难以执行。组建中国铁路总公司后，企业内部部分管理方式、企业与政府之间的行为关系却仍沿用原政企合一时期的处理方式。

造成我国铁路公益性补偿主体和补偿对象不明确、政企不分的原因之一是缺少一个合适的经济标准核算方法，包括企业税收管理以及运营收入的核算。我国铁路实施了交叉补贴的公益性补偿方式，存在转移性支付性质的现象，各个铁路局共同完成的运输任务以及相互提供劳务活动发生的收付费无法较好地进行清算，因此各地铁路局或铁路运输公司是否赢利，赢利数额被分配政策所影响。

从税务的征缴方面来看，在现行的缴税制度下，企业所得税、增值税、营业税等税收或其他类附加费用由中国铁路总公司集中统一在北京征缴。税务的集中征缴可能带来两个问题：一方面可能导致地方政府无法直接享受到辖区内国有铁路运输企业所缴纳相关税务的共享，降低了地方政府对其管理区域内铁路线路的投入与提供公益性补偿的积极性[55]；另一方面，由于地方政府相关参与度降低，对管理区域内的铁路的所属性质难以划分，不利于制定相应的税收减免政策，尤其是地方政府对地方铁路公益性的补偿政策。

"网运合一，高度融合"的体制使得经营性与公益性相互交织，没办法准确判断铁路的公益性，更没办法判断铁路亏损到底是由经营所造成的还是由铁路公益性所造成的，以致没有办法确定铁路的补偿标准。实行统分结合的网运分离，将路网与运营分离开，有助于分类指定铁路公益性补偿标准，使公益性问题合理解决。

实施统分结合的网运分离之后，能够明确补偿主体与补偿对象，也避免了以往不合理的清算分配制度。运营公司单纯的逐利性会自然地形成整张路网上线路的运输密度差异，营利较好的线路运输密度大，竞争激烈，营利较弱的线路运输密度小，竞争微弱。这样，市场无形的手就将"公益性"线路自然地析出，为建立科学合理的公益性经济补偿核算方法提供了依据。在统分结合的网运分离条件下，铁路公益性运输将由国家财政对从事公益性运输的运营公司予以补贴，运营公司自负盈亏，这将有效地处理好铁路企业性与公益性之间的矛盾，在实现铁路运输市场化的同时保证社会主义制度的体制优势，并充分发挥我国的资源优势。

7.2　路网公司发展模式构想

中铁路网公司作为铁路基础设施建设、维护和运营主体，其主要从事基础性公共服务。为保证路网公司的长远可持续发展，扩大市场开放程度，拓宽资本获取渠道，可将纯公益性公共服务与可经营性服务捆绑，以经营性收入反哺纯公益性支出。特别是待铁路基础设施建设成熟完善后，更应将路网公司的企业定位从发展铁路基础设施转换到以统筹思路参与整个行业的发展。故路网公司在承担铁路建设施工和维保运营工作的同时，也可参与除客货运输外（为保证市场竞争公平）的其他业务，如机车车辆、通信信号等装备制造。本节对路网公司的组织结构及其参与其他产业的融合发展提出以下场景构想。

7.2.1 常见的企业组织结构形式

1．职能式

职能式组织结构是现代企业形成初期最早的组织形式，它产生于组织发展到仅由一组人和一个老板（业主制）已无法胜任工作的时候。最初的职能制结构主要分为制造、销售、财务、研究与开发、行政等。随着组织的发展，这个简单分工的组织会进行水平方向的细化和垂直方向的深化，最终导致垂直方向的层级越来越多和水平方向的部门跨度越来越大。

在一个职能式结构中，同类的工作被划分在一个职能部门里。他们的工作通过分层管理进行纵向协调。同一职能部门中的员工具有相似的价值和工作目标。这种相似性促进了职能部门内的协调、效率和质量。但它们与其他部门的协调与合作变得更加困难。

当一个组织起主导地位的关键竞争要素是专业知识、效率和质量，而且当它的外部环境相对稳定时，职能式结构就会运作良好。这是因为职能式结构能够促进规模经济。统一的制造工厂能使一个组织购买昂贵但高效的机器，减少重复和浪费。这种结构也可以通过提供给雇员明确的职业阶梯（业务提升），以促使他们的职业技能得到发展。但是职能式组织结构不是一种成功的类型，因为在这种组织结构中，规则和指令是行使权力的工具，它们来自组织中权力的源泉（企业所有者），并自上而下地使用。

2．事业部式

事业部式组织结构亦称 M 型结构，是按照"集中决策，分散经营"的原则，将企业划分为若干事业群，每一个事业群建立自己的经营管理机构与队伍，独立核算和自负盈亏。这样的组织结构是业务导向型的，从权力结构上讲是分权制，基本单位是半自助的利润中心，每个利润中心内部通常又按职能式组织结构设计。在利润中心之上的总部负责整个公司的重大投资和负责对利润中心的监督。因此，总部的职能相对萎缩，一般情况下总部仅设人事、财务等几个事关全局的职能部门。

事业部式组织结构突出了事业部内部知识协调的重要性，满足了事业部内知识的水平流动。每个部门通过将自身定位为收入中心、成本中心、利润中心或投资中心来对其工作业绩负责。这种结构的关键问题涉及给予事业部的关于重要资源投入的决策自主权的大小。事业部之间的协调由集团总部的管理人员负责，他们主要负责部门间的资源分配和长期战略的制定。但是因为员工是以事业部而非专业技术来划分的，因此，深层次的能力和专业技术会被削弱，事业部之间的协调也很困难。

若路网公司成立装备制造事业部，负责轨道交通领域机车车辆的生产制造和维保业务，其将在路网公司的统一领导下，拥有自己的产品和独立的市场，同时实行独立经营和独立核算，拥有很大的经营自主权；既是受路网公司控制的利润中心，又是机车车辆产品责任单位或市场责任单位，对销、研、产以及行政、人事等管理负有统一领导的职能。此外，事业部内部设立市场、计划、服务、财务、经营管理等模块，形成以市场为导向的组织架构。路网公司总部就可脱身于日常琐事管理，将主要精力集中在总体战略决策、控制规模额度、投资额度、各事业部核心管理层任免的人事权以及市场的统一协调工作上。

3. 矩阵式

矩阵式组织结构是职能式结构和事业部式结构的组合，这种结构既需要职能部门内的专业技术知识，又需要职能部门之间紧密的横向协作。例如，一个跨国公司需要在职能部门、产品与地理位置之间进行协调。在这种组织结构中，大部分员工受到双重领导。例如，一个工程师既属于项目组，又属于技术部门。在完成一项特定任务之后，工程师回到技术部，然后又被分配到新的项目中，他同时接受项目经理和部门经理的双重领导。

可见，矩阵式组织结构可以使知识在垂直方向和水平方向两个方面进行顺畅流动，从而使企业进行高效地运作。这种结构能使企业满足环境的多种需求。资源能被灵活地分配，组织也能够适应竞争和资源状况的变化。它为员工提供了按照他们兴趣获得职能式或综合技能的机会。

4．网络式

网络式组织结构具有更少的"命令和控制"层，可以由更多的专家组成，同时拥有更少的总经理和更少的终生员工。这种新的网络形式则适合于利用不确定性，而不是减少不确定性。它强调在一个不断变化的环境中的柔性调整。这种适应能力是网络结构的主要优点。因为这种结构中的人员、决策权限、角色和领导关系是临时根据特定的项目或事件组成的，一旦需要，可随时改变。因此网络结构具有快速的优势，能对变化的事件做出快速的响应。

网络化组织实现了组织内部跨事业部（不同事业部之间、事业部与职能部门之间）和跨企业边界的知识联系。这种组织把"项目"视为一个相对完整的知识体系，并且根据这个知识体系的内在逻辑和特点来组织"团队"及进行团队内部的分工。它们由"交叉职能团队"和"与外界公司的各种联合"组成，企业内部职能部门与组织单元之间的边界使企业被编织成了一张基于知识逻辑、可以无限密集和无限扩展的知识网[56]。

7.2.2 中铁路网公司的一种组织架构模式

1．企业治理结构

中铁路网公司内部组织架构和运作上，要建立规范的董事会，在路网整合阶段把目前按照企业法注册的中国铁路总公司改制为按照公司法注册的中铁路网公司，然后建立由出资人委派的外部董事和企业内部董事组成的董事会，逐步形成出资人、董事会、监事会、经理层各负其责、协调运转、有效制衡的机制。

2．公司内设部室

董事会办公室、党群工作部、人力资源部、财务部、企业管理部、规划总体部、安全质量部、监察审计部、总工程师室、建设事业部、枢纽项目部等。

（1）党群工作部是党委办事机构，主要负责党务、党建、工、青、妇、团等方面的工作。

（2）人力资源部是人力资源管理部门，负责组织机构设计、人资管理、薪酬管理、教育培训、劳动纪律检查等工作。

（3）财务部主要负责建立财务管理制度及流程，配置财务资源，建立健全公司财务核算、财务监督、资金管理和纳税管理机制，及时提供决策管理分析数据，对公司经营活动进行风险监控。

（4）企业管理部主要负责建立考核体系，对各部门的工作目标、计划执行情况进行考核，并负责标准及体系文件的培训、宣传和贯彻执行。

（5）规划总体部主要负责谋划、组织编制铁路近远期规划；负责前期相关文件编制与报批。

（6）安全质量部主要负责对铁路建设及运营阶段的安全质量工作进行综合监督，对公司各部门及各参建单位安全质量行为进行规范、业务上进行指导，保证安全质量体系的正常运转及公司各阶段既定安全质量目标的实现。

（7）总工程师室主要负责铁路勘察设计管理工作，组织新建铁路工程的竣工验收，配合铁路工程现场施工，负责公司技术管理工作。

（8）建设事业部主要承担铁路工程建设招标、合同履约、工程质量、安全生产的归口管理工作，指导工程项目竣工验收，协调建设过程中的重大问题，组织对建设单位进行业务指导和考核。

3．公司控股单位：通信公司、维保公司

对中铁路网公司而言，重新建立一家专门从事通信服务的子公司耗时较长，因为修建新设备、雇用和培训工人、开发产品等都将花费大量的时间。路网公司可采取合资控股式开展通信服务和维保业务。合资控股式又称注资入股，即由并购方和目标企业各自出资组建一个新的法人单位。目标企业以资产、土地及人员等出资，并购方以技术、资金、管理等出资，占控股地位[57]。

因此，路网公司可与中国铁塔、中国电信等在通信服务领域具备较为完善的通信基础设施、较高的通信服务水平以及市场营销能力的公司共同出资组建通信公司，在铁路沿线提供通信服务，既能确保铁路系统内部的正常通信，又能为乘车旅客及沿线居民提供高品质的通信信号。同理，路网公司可与中国中车及现铁路局管辖的各车辆段、机务段、动车段等专门从事机车车辆维保的目标企业共同出资组建若干个维保公司，主要负责机车车辆的故障维修、日常检修及保养业务，确保机车、客货车辆及动车组的正常运用。

这样可以以少量资金控制多量资本，节约了控制成本。特别是近年来轨道交通产业迎来发展热潮，当目标公司为国有企业时，让当地的原有股东享有一定的权益，同时合资企业仍向当地企业交纳税收，有助于获得当地政府的支持，从而突破区域限制等不利因素。同时，将目标企业的经营性资产剥离出来与优势企业合资，规避了目标企业历史债务的积累以及隐性负债、潜亏等财务陷阱。

4．公司参股单位：机车车辆公司

在参与机车车辆装备制造产业融合的过程中，路网公司即使没有机车车辆制造的专业技术及经验，也可出资收购中国中车等在目标市场上已经拥有价值的商标、品牌或工艺技术的机车车辆制造企业的股权。这就无须全资成立一家新公司并修建全新的生产设备（例如工厂、办公室和机器设备等），有利于放大国有资本的影响力，且对中国中车来说，经济目标仍居主导，有利于壮大国有经济的实力。

5．公司下属机构

公司下属机构包括运营子公司、资源开发子公司、物业管理子公司。

（1）运营子公司可下设办公室、党群工作部、人力资源部、财务部（派驻）、计划经营部、安全监察部、技术部、物资部、新线办、调度部、机务部、车辆部等部门，代表中铁路网集团公司负责全国铁路的运营管理、列车运行组织等工作。在提高运营安全和服务水平的同时，锻炼出一大批技术尖兵。

（2）资源开发子公司是中铁路网集团公司的直属经营开发管理部门，主要负责对除物业管理外的铁路附属资源进行统一经营和统一管理，是路网公司的主要经济来源之一，内部可设综合管理部、经营策划部、广告部、商贸部等部门，分别负责资源分公司的综合管理及各业务的统筹策划和经营管理工作。

（3）物业管理子公司是中铁路网集团公司的全资子公司，主要承接铁路枢纽场站及属于铁路资产的地产开发项目的物业，将来还可涉足城市公交场站等物业项目。

7.2.3　路网公司的资本融合构想

本书在 5.1.2 节进行路网公司职能阐述时，提到过路网公司除专注于自身业务之外，可从以下四个方面通过资本融合促进自身发展。

一是加快路网公司与铁路工程、装备类公司交叉持股工作，从出资人的角度以资本联合的形式促进铁路产业融合。在基础设施建设投资方面，中国中铁、中国铁建、中国通号、中国中车等具备雄厚资本的国有企业及地方政府均可出资作为中铁路网公司的股东。为了促进铁路行业共同良好地发展，路网公司也可以出资持有上述企业的股份，形成交叉持股的局面，以促进行业协同。除了在企业层面交叉持股以外，各铁路企业还可合资建设项目，增进合作。例如，中铁路网和中国中车可合资建设动车段所，可以促进彼此在机车、车辆、动车段所维修业务领域的合作。在确保国有资本对铁路控制的条件下，还可以转让部分股权，通过募集社会资金来建设铁路路网。

二是加强中央、地方多级国资部门的合作，加快路网公司与水运（港口）、道路、民航领域国有物流、客运类公司交叉持股工作，从出资人角度以资本联合形式加强多式联运，促进"大交通"产业融合。2016 年，国务院办公厅转发国家发改委《营造良好市场环境推动交通物流融合发展实施方案》（简称《方案》）。《方案》提出，到 2018 年全国 80% 左右的主要港口和大型物流园区引入铁路，集装箱铁水联运量年均增长 10% 以上，到 2020 年，集装箱铁水联运量年均增长 10%

以上，铁路集装箱装车比例提高至 15% 以上，大宗物资以外的铁路货物便捷运输比例达到 80%，准时率达到 95%，运输空驶率大幅下降。

三是加快路网公司与其他领域国有大中型企业交叉持股工作，如生产轨道交通电源系统的技术产业，生产钢轨的钢铁企业等企业，以促进铁路与产业链上下游的全产业融合。

四是加强与地方铁路国资（主要是地方铁投公司，例如四川省铁路产业投资集团有限责任公司、江苏省铁路集团有限公司）的资本融合，提高地方国有资本铁路建设的参与程度，拓宽铁路投融资渠道，缓解铁路建设资金压力。

7.3　运营公司发展模式构想

7.3.1　社会资本投资铁路运输业的场景构想

1．已具备专业运输资产和经营能力的企业

（1）以中铁快运股份有限公司为例。作为中国铁路总公司直属控股企业，中铁快运已依托遍布全国的高铁列车（动车组）、旅客列车行李车、铁路特快班列、快速班列、公路干支线等，构建起以铁路运输为主，公路、航空多种运输方式组成的综合运力资源网络，网络资源协同优势明显。中铁快运已具备专业运输资产和经营能力，是中国 5A 级现代物流企业，全国铁路高铁快运、行包快运业务统一对外经营以及跨境电商物流业务的经营主体，全国铁路物流总包业务龙头企业，全国铁路零散、批量零散货物接取送达的主要力量。在中国大陆地区设有 18 个区域分公司、13 个省市分公司、7 个控股子公司。随着统分结合的网运分离改革不断深入推进，类似中铁快运这样的企业，应当以更加开放包容的姿态，大力进行企业混合所有制的探索，吸引广大社会资本投资铁路运营领域。

（2）以中铁集装箱运输有限责任公司为例。2003 年 12 月，铁道部对全路集装箱运输资源进行优化整合，组建了中铁集装箱运输有限责任公司，专门负责铁路集装箱的运输，形成了覆盖全路的集装箱运

输网络和规范统一的集装箱运输市场。2010 年，中铁集装箱公司的总资产已达到 60 亿元人民币，下设 18 个分公司、7 个直属办理站，拥有中铁铁龙集装箱物流股份有限公司、中铁国际货运代理有限公司、中铁联合国际集装箱有限责任公司三个子公司[58]。铁龙物流作为其控股的优质资产，经营领域包括特装集装箱物流业务、铁路货运与临港物流业务、房地产开发业务等，并于 1998 年 5 月在上海证券交易所上市。中铁集运则可利用铁龙物流的平台尽快实现整体上市，进而带动社会资本投资，实现企业混合所有制。

（3）以中铁特货运输有限责任公司为例。中铁特货是中国铁路总公司直属专业运输企业，主要从事商品汽车、大件货物、冷藏货物的铁路运输，下设 16 个分公司、3 个机械保温车辆段及中铁特货大件运输有限责任公司、中铁特货汽车物流有限责任公司 2 个全资子公司，形成覆盖全国的铁路特货运输网，同样具备优质的专业运输资产和经营管理水平。下一步，中铁特货可借鉴顺丰等物流企业的经验，尽快寻求上市平台，进而实现企业混合所有制，拓展企业投融资渠道。

2．已具备专业运输资产但市场化程度不高的企业

中国铁路总公司及下属 18 个路局（集团公司）是国家铁路客货运输经营管理的主体，2016 年管辖铁路营业里程约 12.4 万千米，职工总数逾 210 万人，资产总额达 7.25 万亿元，拥有机车车辆 2.1 万台、客车 7.1 万辆，其中动车组 2 586 标准组、20 688 辆，拥有货车 76.4 万辆。2016 年实现旅客发送量 28.14 亿人，完成货运发送量 33.32 亿吨。但铁总及 18 个路局具备典型的国有企业特征，市场化程度不高。在统分结合的网运分离过程中，将逐渐培育一批以"1+18"为股东的各类型客货运营公司，从事不同细分市场的铁路运输业务，进而可在条件成熟时进行"混改"，最终实现市场配置资源的主导作用。

3．尚未具备专业运输资产但善于经营的社会资本

"统分结合的网运分离"的目标之一就是全面拓展铁路运输经营领域，为社会资本进入铁路创造有利条件，让社会资本看到投资铁路运输业的希望。哪怕是不具备专业运输资产和运输技能的小型社会资本，也可组建众多重经营、重服务的小型客运公司或物流公司，通过租赁路网公司或其他公司的运输环节业务，实现完整的运输生产服务。例如，某物流公司租用一个集装箱箱位即可从事 A 城到 B 城的铁路物流快运业务。

7.3.2　运营公司的多元化经营

1．我国当前铁路多元化运营实践

（1）动车 Wi-Fi。

2018 年 7 月 5 日，由中国铁路投资有限公司、浙江吉利控股集团和腾讯公司共同组建的国铁吉讯科技有限公司（以下简称国铁吉讯公司）在北京正式成立。中国铁路投资有限公司出资 2 550 万元，出资比例占 51%。国铁吉讯公司是中国铁路总公司唯一授权经营动车组 Wi-Fi 的企业，承担动车组 Wi-Fi 平台建设和经营。公司充分利用互联网产品理念，开发休闲文化娱乐、新闻资讯、在线点餐、特色电商、联程出行、智慧零售等产品，为旅客提供站车一体化、线上线下协同的全方位、智能化、融合出行服务，不断优化及提升旅客出行的体验，完善铁路运输的服务品质。

（2）房地产。

各个铁路局集团公司经营范围都十分广泛，除了铁路客货运输及相关服务业务，铁路运输设备、设施、配件的制造、安装、维修，铁路专用设备及相关工业设备的制造、安装、维修，货物装卸，仓储业，铁路及建筑勘测、设计、施工、监理等与铁路相关业务外，还可能涉及电力供应、建筑业、商品批发与零售、住宿业、餐饮业、互联网信息服务、软件和信息技术服务业、保险经纪与代理、房地产业、租赁业、商务服务业、专业技术服务业、非金属矿采选业、石材加工、花卉苗木种植、文化艺术业、环境卫生管理、洗染服务、通信设备和办公设备修理、清洁服务、职业技能培训、疾病预防控制中心服务（限分支机构经营）等各个方面的内容。

其中，房地产是多元经营的重要组成部分，北京、成都、沈阳、郑州、广州等多地铁路局在 2017 年更名的同时新增了"房地产开发"等业务。以成都铁路局集团公司为例，成都铁路局集团公司于 2016 年 12 月完成了《成都铁路局既有铁路土地和地上附着物资产综合开发规划（2016—2020 年）》，规划土地综合开发项目 13 个，开发面积规模 1 273 亩，包括成都八里庄商品住宅开发项目、重庆沙坪坝商品住宅开发项目等。

需要注意的是，在房地产开发经营的过程中，如果房地产经营存在一定风险，铁路局应多在存量房产与地方合作开发利用方面下功夫，而对增量房地产项目要特别谨慎。

2．日本铁路多元化运营实践

当前我国铁路运输主要经营客货运输业务，对铁路的多元商业价值还处于不断挖掘的过程，而日本民营铁路已经具备较为完善的铁路多元商业开发模式，可供我国借鉴。

日本民营铁路的商业经营模式主要包括铁路沿线房地产、车站配套商业、酒店业、观光休闲业及其他模式，将铁路经营与城市开发相结合，使主业与辅业相互促进和融合发展。这些模式促进了铁路与沿线区域经济的共同发展，对我国铁路的商业经营具有重要的借鉴意义。积极开展与运输主业相关的辅业经营，能够为运营公司带来巨大的发展潜力。以在东京城市圈的民营铁路公司为例，东京急行电铁株式会社（以下简称"东急"）的资本金规模约为京成电铁株式会社（以下简称"京成"）的 3.31 倍，但是在营业里程方面，东急只相当于京成的 68.88%，东急的客运收入占总收入比例也较京成的比例低 28.08%[60]。出现这样差异的重要原因之一是东急更为积极地采取多元化经营战略，开展与主业相关的其他辅业经营。

日本民营铁路可供借鉴的商业模式主要有以下几种。

（1）铁路沿线的房地产经营模式。

铁路沿线房地产经营模式细分为 3 种模式，即在铁路沿线开发住宅区/卫星城，在车站周边以旧城改造、重组整合商业资源为目的的街区再开发、商业地产开发与经营，以及充分利用铁路沿线设备设施开展广告经营活动,以铁路建设带动土地开发,以土地开发培育和吸引铁路客源,从而不断创造新的运输需求。

① 住宅区/卫星城。

日本大部分民营铁路公司擅长在都市圈的郊区综合经营轨道交通与房地产开发,从而形成数目众多的卫星城。伴随大城市圈的不断扩容,卫星城逐渐发展成为向中心城市的商务区运送大量通勤者的巨大城市周边住宅区。例如,东急开发的"田园城市"、西武铁道株式会社(以下简称"西武")开发的"学园城市",以及小田急构想的"林间城市",这些卫星城大都经过铁路公司精心策划设计,不仅以建成舒适的住宅区为目标,而且对居民生活不可或缺的地方,如交通功能(如巴士、出租车等)、购物、娱乐及休闲等各种城市功能都进行了综合开发。其中,东急开发的"田园都市"被认为是日本民营铁路企业最成功的土地开发项目。

② 商业地产/街区再开发。

将铁路车站建设为高层复合建筑,既具有旅客乘降或换乘的交通枢纽功能,又兼具商场、影院、购物中心、写字楼、超市、酒店等多种城市功能,形成复合交通功能的商业地产,为人们的工作、生活、休闲提供了便利。以旧城改造、市中心街区再开发为契机,对车站周边商业基础设施进行重组整合,充分利用车站的集散能力,营造良好的商业氛围,加速车站附近人流、车流、物流、商流、信息流的交换速度,使车站由城市的交通中心演变为城市的商圈中心。

(2)车站配套商业经营模式。

车站配套商业经营模式是指通过改造车站、引进品牌、租赁经营等一系列措施,将铁路车站建设成功能齐全、业态多样的综合性商业服务设施。日本铁路车站的配套商业经营十分丰富,主要包括车站百货店、购物中心、商业街、小吃街、超市、便利店、书刊亭、咖啡馆、西餐厅等多种形式。例如,京都站大厦占地 38 076 m²,总建筑面积为 237 689 m²,地上 16 层,地下 3 层,其车站商业配套功能完备,商业经营形式多样,包括伊势丹百货公司购物中心,同时还有 1 家文化中心、1 座博物馆、1 家旅馆以及 1 座大型立体车库,而车站使用的面积仅占总面积的 1/20。另外,还有大量室外、半室外的公众活动空间。实际上京都站是由饭店、百货、文化设施、停车场和铁路站台 5 个部分组成的复合车站，现已成为日本一座规模最大的铁路车站。车站配套商业经营模式根据规模大、中、小又可以细分为车站百货店/购物中心、商业街/小吃街、超市/便利店。

（3）酒店业经营模式。

酒店业经营模式主要是充分利用铁路基础设施吸引大宗客流集散的优势，在紧邻车站的位置建设和经营旅店、宾馆和酒店等，有效利用铁路集团公司的各种资源，确保收益和财务的灵活性，实现优势互补。因此，日本民营铁路公司多以经营靠近车站的便利型酒店为主。随着现代酒店业的发展，日本民营铁路公司经营的酒店日渐增多，为了达到运营一体化的目的，这些酒店逐步向连锁经营的方向发展，甚至通过并购大型连锁酒店品牌，以实现自身的连锁经营。以西武开发经营的王子酒店为例，西武为在全国范围内推进城市休闲型宾馆的建设，成立子公司（株）王子酒店，以专门从事宾馆业的经营，并逐渐发展成为拥有东京王子酒店、高轮王子酒店等多家酒店的连锁酒店集团。王子酒店集团旗下还有川奈宾馆、西武阿拉斯加公司、西武加拿大有限公司等关联子公司。目前，王子酒店集团的资本约为 2.07 亿元人民币，年销售额约为 78.71 亿元人民币，年利润 8.52 亿元人民币，从业人员达 7 032 人。西武不仅在日本国内取得良好的发展，而且也积极地向海外拓展业务，于 1988 年 9 月从英国公司（Metropolitan Vickers Electrical Company）以 21.5 亿美元巨资收购世界知名品牌——洲际连锁酒店。

（4）观光休闲业经营模式。

观光休闲业经营模式是指开设滑雪场、疗养院、温泉度假村等以旅游、观光、休闲、娱乐为目的的观光休闲设施。阪急电铁经营的铁路连接大阪与宝塚，宝塚地区开设有著名的"小林之汤"温泉疗养胜地。宝塚线开通后，阪急收购了温泉对面的土地，1911 年 5 月宝塚新温泉开业，1912 年宝塚新温泉乐园新馆开业，进而形成以室内游泳场为中心的娱乐场。宝塚新温泉的建设不仅增加了运输需求，同时对沿线住宅地的开发也起到支持作用。

（5）其他商业经营模式。

① 巴士业/出租车业。

为了实现与铁路的互补，完善城市交通功能，连接近郊与铁路车站或都市区，日本民营铁路公司投资进入汽车客运领域，经营巴士业和出租车业。如西铁经营的巴士业分为公共巴士和观光巴士。其中，公共巴士成为支撑当地居民生活的重要交通工具，它又分为连接各个社区的普通巴士和连接九州各中心城市的高速巴士。观光巴士则由西铁的专业公司西铁观光巴士（株）负责运营。西铁的巴士业目前拥有车辆 2 965 台，年客运量达到 2.70 亿人次，年收入折合人民币达 29.18 亿元。

② 快递业/物流业。

以铁路运输主业为依托，开展全程物流服务、区域配送服务，以及为大型生产企业提供物流外包服务等，也是日本民营铁路公司拓展业务范围的重要领域之一。例如，"东急 Bell"是东急的快递服务品牌，为人们提供便利的上门服务，将商品和服务送到家；西铁在内部专门成立国际物流部从事国际物流业，同时设立专业公司——西铁运输株式会社承接物流项目。

③ 广告经营。

为了充分利用铁路沿线的设备设施，日本民营铁路公司开发出多种多样的广告媒体形式。一是接触率较高的站内广告，充分利用车站的空间特性，有车站贴、签名板（牌）、户外巨幅广告、数码广告等。二是与旅客联系紧密的车辆广告。充分利用车厢内外的空间，车厢内的墙壁、窗户、座位，甚至整列车身都可以包租给一家企业做垄断广告。此外，还有车载视频、车载刊物等广告媒体。三是提供铁路设施场所的有偿摄影服务。铁路公司与电影或电视剧摄制组等合作，提供车站和车厢等场地设施以供拍摄，这项收费摄影合作事业可以为企业的产品和形象做宣传。

由日本民营铁路的运作模式可知，铁路的商业价值不仅体现在客货运输上，网运分离之后，自由的运营市场将吸引大批社会资本，社会资本在为铁路市场注入活力的同时，铁路巨大的发展潜力也为社会资本提供了广阔的发展空间。

7.4　本章小结

本章的主要工作为：

（1）研究了对铁路网运关系调整即实施基于统分结合的网运分离之后可实施的后续改革方向。

（2）构想了中铁路网公司的一种组织构架模式和中铁路网公司与各行业资本融合发展的场景。

（3）构想了社会资本进入铁路运输业的种种场景，描绘了广大社会资本投资和参与铁路运输业的前景。

本章的主要观点为：

（1）铁路网运关系作为全面深化铁路改革实践层面的首要和关键问题，是全面深化铁路改革的突破口，是解决铁路诸多深层次问题的破门斧。统分结合的网运分离是适应我国国情、路情的网运关系，将有效打破铁路投融资体制、公益性补偿、中长期债务等方面存在的较多障碍，为铁路行业大发展创造更多有利条件。

（2）中铁路网公司作为铁路基础设施建设、维护和运营主体，其主要从事公益性公共服务。为保证路网公司的可持续发展，扩大市场的开放程度，拓宽资本的获取渠道，可将纯公益性公共服务与可经营性公共服务捆绑，以经营性收入反哺纯公益性收入。特别是待铁路基础设施建设成熟完善后，路网公司可运用资本融合参与其他领域发展，从而促进自身良好的持续发展。

（3）全面深化铁路改革的目标之一就是全面拓展铁路运输经营领域，为社会资本进入铁路创造有利条件，让社会资本看到投资铁路运输业务的希望。随着"统分结合的网运分离"的实施，不同类型的铁路运输企业及其他社会资本总能找到合适的路径拓展业务、拓宽投融资渠道，最终实现市场配置资源的主导作用。

第 8 章　基于统分结合的网运分离：保障机制

铁路网运关系调整（即实现统分结合的网运分离）是作者对我国铁路改革向深水区探索的新构想，面临的改革内容复杂而且持续时间较长，应从顶层设计和具体实施两个层面形成长效保障机制，确保全面深化铁路改革稳步顺利推进。

8.1　加强顶层设计

加强顶层设计，明确铁路改革方向和路径，是实施"基于统分结合的网运分离"的首要保障。

1. 日本国铁改革顶层设计借鉴

成立一个相对独立、直接向首相负责的高规格委员会（"临调"和"监理委"），在充分听取各方面意见后加以研究，从而形成日本国铁最终改革方案，最后通过立法予以保障，这是日本国铁改革顶层设计的一个重要特点。

日本在行政改革过程中，早在 1961 年 11 月就成立了由民间人士组成的"临时行政调查会"，作为内阁总理大臣的咨询机构，通过调查研究和制定方案，向政府提出建议和规划。被视为以国铁改革为主题的第二次"临调"在 1981 年 3 月成立后，经历五次答复报告，确定了日本国铁"分割、民营化"的改革方向，而后将改革的具体实施方案交由 1983 年 6 月新成立的"日本国有铁道再建监理委员会"处理。"监理委"围绕具体方案的实施问题展开全面研究论证，又历经两年时间，最终在 1985 年 7 月形成了《关于国铁改革的意见》，既完善了改革的具体实施方案，也提出了长期债务等问题的处理方案，并在此过程中逐渐与社会达成共识、明确意愿，包括消化吸收了曾经的改革逆流。在具体实施方案确定后，日本国铁又进入了长达两年的改革准备时期，这也是日本国铁改革的体制推进和过渡阶段，其间形成了以《日本国有铁路改革法》为首的八部改革关联法案以及一部《1986 年度特措法》（作为改善国铁经营状况的紧急措施），直到 1987 年 4 月才最终实现了"分割、民营化"改革。

　　我国铁路系统向统分结合的网运分离经营管理体制转变过程中，将会面临大量的历史遗留问题，如债务问题、产权分割问题等，这些"疑难杂症"的解决必须以强大而完善的顶层设计为基础，做好利益分割。这是向新体制转变的前提条件，也是在转变前的准备阶段需要重点解决的问题。除此之外，顶层设计对新体制的运行、管理和完善都具有重要作用，特别是转变初期，需要顶层设计对新体制下的各类公司进行引导，特别是引导社会资本进入铁路行业，这样才能发挥社会主义市场经济制度的先进性，在铁路行业形成完善的市场运行机制。

　　借鉴国外铁路以及国内国有企业组织保障推进铁路改革的经验，我国铁路改革应当建立一个在部门和地区利益之上的、能够统揽铁路改革全局的机构。

2．设立铁路改革的组织机构

　　党的十八届三中全会对自然垄断企业提出了"根据不同行业特点实行网运分开、放开竞争性业务，推进公共资源配置市场化，进一步破除各种形式的行政垄断"的重要论断。但是，这对铁路改革的顶层设计来说，却还仅仅只是开端。我国正处在全面深化国有企业改革的阶段，其中铁路改革还未取得实质性的突破。

　　由于铁路改革已经全面铺开，远超出经济范围，一般的改革机构已不能承担，应当设立国家铁路改革咨询委员会，该机构作为中央全面深化改革领导小组（现中央深改委）的一个咨询委员会，承担协助党中央和国务院领导全面改革的决策咨询和协调的职能。

（1）设立国家铁路改革咨询委员会。

第一，机构设置。中国铁路改革是一项长期且艰巨的任务，终极目标的实现可能需要较长的时间。实现中期的阶段性改革目标也需要多年。该委员会应是长期的非正式机构，应具有高度的全局性、权威性和前瞻性。

第二，机构职能。国家铁路改革委员会作为中央领导的一个职能性机构，主要职能有四项：一是咨询职能，为中央全面深化改革领导小组（现中央深改委）提供改革决策的建议和意见，如制订改革的总体方案和规划纲要等；二是指导职能，协助中央全面深化改革领导小组（现中央深改委）指导铁路改革；三是协调职能，协调各部门和各地区改革的机构；四是监督职能，督促铁路和地方部门按中央部署进行改革，及时反馈改革动向和意见。

国家铁路改革咨询委员会与国家发展和改革委员会都有改革的职责。它们之间的区别在于：国家发展和改革委员会作为国务院一个重要执行部门，主要负责改革的具体执行和操作，国家铁路改革咨询委员会是主要负责党和国家的铁路改革决策和改革政策的提出或制定，带有决策研究和咨询性。

（2）国家铁路改革咨询委员会的设置办法。

国家铁路改革咨询委员会的设置可分为以下两个阶段：

① 初期筹备阶段。

成立筹备组，由铁路以及各地各部门抽调的对改革有研究的党政干部、研究院校专家学者、国企高管等若干人员组成；进行定期研究和谋划，主要是研究和制定改革的总体思路和规划纲要的建议草案等。

② 正式设立阶段。

改革的总体思路和规划纲要建议草案送审和通过之后，立即设置正式机构，配备专职人员。进入改革十年规划和方案的设计，应组织内部讨论，所有专职人员都要遵守相关公职人员纪律，进行保密教育，签订保密协议，严守国家机密等。

（3）设立 12 个专门委员会。

我们建议，国家铁路改革咨询委员会可下设 12 个专门委员会（如图 8-1 所示），分别负责铁路国家所有权政策研究、铁路网运关系调整、铁路现代企业制度研究、铁路混合所有制改革等 12 个铁路改革专题的相关政策研究。12 个铁路改革专门委员会直接向国家铁路改革咨询委员会负责，提出关于各自负责领域的铁路改革政策和建议，并提交国家铁路改革咨询委员会汇总、协调，最终向中央全面深化改革委员会报告。

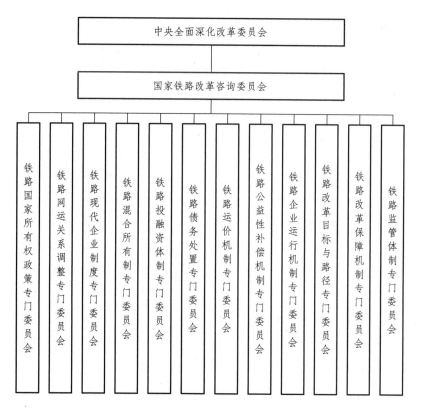

图 8-1　全面深化铁路改革顶层设计示意图

国家铁路改革咨询委员会的主要职责之一，就是向中央深改委提出全面深化铁路改革的建议，并作为未来可能出台的《中共中央、国务院关于全面深化铁路改革的指导意见》的最初版本。

其中，铁路网运关系调整专门委员会负责研究铁路网运关系调整问题，在充分调研铁路企业运营现状的基础上，制定出具体的网运关系调整方案并向国家改革咨询委员会报告，密切跟进网运关系调整的进程，协调解决实际改革过程中的具体问题，保证网运关系调整能顺利地进行。

3. 铁总及地区各部门协同工作

各地区各部门要充分认识全面深化铁路改革的重要性和紧迫性。我们建议，各铁路局要成立公司制改革小组，由铁路局党政主要领导任组长，明确职责分工，落实目标责任，协调推进改革和安全、稳定、班子的建设工作，如专栏 8-1 所示。

【专栏 8-1】 各铁路局成立改革小组

中国铁路总公司（下称中铁总）下属铁路局公司制改革正在推进中。目前全国 18 个铁路局（公司）都已成立，由路局"一把手"任组长的公司制改革领导小组。

2017 年 8 月开始，中铁总陆续召集全国 18 家铁路局高层赴京参加路局改革研讨会。8 月底，各铁路局公示了一批领导干部，目前公示期已满，各路局都置换了 1~2 人进入领导班子。

此外，个别路局高层发生人员变化。9 月以来，部分路局召开需中铁总副总经理到场的全局干部大会，宣布了两家路局的高层人事变动。郑州铁路局原局长何元调任铁总直属机关党委副书记，其在郑州局担任的职务由京沪高速铁路股份有限公司原党委书记、董事长钱铭接任。郑州铁路局原党委书记杨伟军调任兰州铁路局局长，其郑州局担任的职务由广深铁路股份有限公司原董事孙景接任。兰州铁路局原局长王峰由中铁总另行安排工作。

8.2　加强立法保障

目前，我国铁路的专门法主要是《铁路法》，但《铁路法》已不能适应我国铁路改革及进一步的发展，立法滞后且存有法律空白。该法于 1991 年 5 月 1 日开始施行，并分别在 2009 年和 2015 年先后进行了两次修改。相比于我国铁路发展现状，《铁路法》修订严重滞后。该法共有 6 章 94 条，内容涉及铁路运输营业、铁路建设、铁路安全与保护、法律责任等基本法律规定。由于当时我国还处于有计划的商品经济时期，法制建设也起步不久，导致许多规定过于简单和原则性强、操作性差，许多规定与政企分开的新情况背道而驰，使铁路改革失去了合法性的基础。随着我国铁路尤其是高速铁路的发展突飞猛进，《铁路法》中仍有相当一部分条款不再适用。

此外，我国铁路规范性文件大多数属于行政法规，甚至有些规定尚未做到规范化和体系化。"政企分开"之后，我国铁路面临着网运关系调整、投融资体制、公益性补偿机制等诸多关键问题，而有关法律法规的空白导致许多问题"无法可依"，铁路改革工作缺乏实质性的保障。因此，迫切需要通过立法来保障改革各个环节有序开展，并逐渐建立一套有效的监督管理机制。

加强立法工作，做到重大改革于法有据，将确保改革依法、有序推进。习近平总书记在中央全面深化改革领导小组第二次会议中也强调，重大改革都要有法有据。在整个改革过程中，都要高度重视法治思维和法治方式的运用，发挥法治的引领和推动作用，加强对相关立法工作的协调，确保在法治轨道上推进改革。时隔半年，十八届四中全会又提出了全面推进依法治国的总目标和重要任务[60]，铁路改革也应在四中全会精神的指导下通过立法先行稳步推进。

作为全面深化铁路改革的主要内容，网运关系调整（统分结合的网运分离）是我国铁路改革的重大体制机制创新，而目前并未有相关的法律法规能够作为依据，这必将造成改革决策执行力与规范化的缺失。同时，由于路网公司与运营公司作为网运分离的主体，两者间既有联系又有明显的职能划分，所以有必要对路网公司与运营公司的职能划分进行立法，严格界定各自的职能，使得路网公司在能够切实承担自身责任的同时保证运营的公平竞争，运营公司能够在充分参与竞争的同时拥有自身合法权益。

日本国铁改革中，立法工作持续周期长、十分细致，值得我国借鉴。从1985年7月开始，国铁再建监理委员会向内阁总理大臣提交《关于国铁改革的意见》的最终报告，到1987年4月才正式得以实施，其间最重要的一件事就是制定改革对策和法律保障，包括改革的确切实施时间。日本国铁改革关联法案共有九部，涉及具体改革方法、机构设置、各公司职能、实施路径、地方税法，以及改革初期的紧急措施等各方面的内容。1986年6月公布实施的《1986年度特措法》使国铁改革向前迈进了一大步，《改革法》《公司法》《机构法》等其他八部国铁改革法案也先后在同年10月、11月分别在众议院和参议院通过，从而完成了国铁分割、民营化改革的法律准备。

因此，在我国铁路向深水区改革，开展统分结合的网运分离论证前，必须建立完善的法律体系作为新体制运行的基本保障，做到改革于法有据。这样才能保证整个市场开放后竞争的公平性，这是维护各类运营公司权益、吸引社会资本投资铁路的基本保障[61]。

作者认为，当前我国应制定（但不局限于）"铁路改革法""铁路公司法""铁路行政管理法"以及《铁路法》修正案等，以保证铁路改革工作有法可依。

第一，制定"铁路改革法"。"铁路改革法"作为铁路改革的总纲性的法律，应该根据改革议案的顶层设计来制定。该法案主要应以法律形式明确我国铁路改革与重组的目的和意义，规定铁路以"统分结合的网运分离"（统一的路网公司，自由竞争的运营公司）为主的铁路运输管理体制改革的具体目标和步骤。主要应包括：铁路改革重组的目标、路网公司与客运公司的国有资产所有权与经营权的确定及其资产管理办法、铁路投融资体制与建设监督制度的完善、确定路网公司与客运公司的权责及其相互间的清算办法、过渡阶段的机构设置等。

第二，制定"铁路公司法"。该法案主要应对铁路重组后的各铁路公司的责任形态和组织形式等做出具体规定。其主要内容应包括：铁路客、货运公司依法组建成股份公司、国有资产参股的份额规定和资产转让的法律规定、员工的离职与再就业、机构设置、董事会和监事会的产生及其职责、公司对国家承担的义务、法律责任等。

第三，制定"铁路行政管理法"。该法案主要为铁路主管部门行使铁路事务管理权，它应以法律的形式明确监管部门的监督与审批职责。其主要内容应包括：履行铁路运输监督职责、决定铁路运输市场经营者的准入与退出、批准审核铁路线路的建设计划、对运营争议行使仲裁、对违规行为进行查处等。

第四，制定《铁路法》修正案。该法案主要内容应包括：确认企业的市场主体地位；放松对铁路运输市场的经济管制；修订运价机制；制定公益性补偿机制；确立政府对铁路的社会管制和必要的调控责任、扩大铁路的对外开放和引入竞争机制等。

需要说明的是，前三点提出的三个法案，既有单独存在的可能，也有全部纳入《铁路法》的可能，需要根据保障机制体系设计的需要酌情考虑。

8.3　加强技术保障

铁路网运关系调整需要一系列技术保障作为支撑，本节主要从技术标准、信息化、定价机制、公益性补偿机制四个方面予以说明。

8.3.1　强化路网安全：加强完善技术标准工作

在全面深化铁路改革 12 个关键问题中，铁路网运关系调整是实践层面的首要关键问题。实行"统分结合的网运分离"方案，是指把具有自然垄断性的国家铁路网基础设施与具有市场竞争性的铁路客货运输分离，组建中国铁路路网公司和若干个客运公司、货运公司，实行分类管理。按照"路网宜统、运营宜分、统分结合、网运分离"的原则，成立中国铁路路网（集团）股份有限公司，实现全国路网的整合。此时，加强完善铁路技术标准工作，确保整个路网互联互通，强化路网安全显得尤为重要。

1. 推进铁路技术标准体制改革工作

党和国家高度重视标准化工作。2015 年，国务院印发国发〔2015〕13 号《深化标准化工作改革方案》和国办发〔2015〕89 号《国家标准化体系建设发展规划（2016—2020 年）》，指导"十三五"期间的我国标准化工作改革。标准化工作改革的总体目标是：建立政府主导制定的标准与市场自主制定的标准系统发展、协调配套的新型标准体系，健全统一协调、运行高效、政府与市场共治的标准化管理体制，形成政府引导、市场驱动、社会参与、协同推进的标准化工作格局，有效支撑统一的市场体系建设，让标准成为质量的"硬约束"，推动中国经济迈向中高端水平。

铁路网运关系的调整过程，应依据国家深化标准化工作改革方案，在"十三五"期间持续推进铁路技术标准工作改革，进一步推动铁道行业标准在标准项目和技术内容规定方面的整合和优化完善，而在加快培育发展团体标准、提高铁路标准国际化水平、实现路网互联互通等方面，都需要依据标准化改革方案的总体要求，进一步加大标准化工作力度，努力探索标准的工作方法，不断提高标准化工作水平。

2. 做好总公司（或国家铁路公司、路网公司）标准制修订工作

中国铁路总公司作为目前国家路网的统一管理者，应当继续做好公司的标准制修订工作。首先，要抓紧落实标准项目计划。与各标准起草单位、外委单位签订合同并落实分工，做好与其他标准和科研工作的统筹协调。其次，是规范标准专项经费的使用，加大经费管理力度。再次，对综合性、多单位参与、编制难度大的标准项目，要尽快完成工作方案，做好推进工作。

要加强铁道行业标准、总公司标准、总公司标准性技术文件的统筹协调工作。在转化原铁道部时期制定的铁道行业标准及标准性技术文件过程中，标准起草人员要充分了解原标准或标准性技术文件的适用情况，结合应用实践并优化关键技术指标；要根据总公司和总公司技术标准的职能定位，修改原标准或标准性技术文件中具有行政色彩以及其他不适合保留的内容。

3．积极主持参与行业标准和学会标准的制修订工作

要积极主持参与铁道国家标准、铁道行业标准的制修订工作，在标准中充分反映铁路科技发展、运输生产的需要。要研究并推动总公司重要技术标准上升为国家标准，促进推荐性行业标准整合完善。要积极参与铁道国家标准、铁道行业标准的意见征集和专家评审等工作，结合总公司运输生产和科研开发实际需要，充分反映总公司意见建议，进一步提升标准体系的质量和水平。

团体标准是国家标准化改革的重要方面，铁道学会为改革试点的单位之一，目前正在开展市域铁路标准等的制定工作。要积极参与和促进铁道行业团体标准的工作，实现其与铁道国家标准、总公司技术标准的优势互补、协调发展。

要统筹考虑、积极参与其他相关国家标准、行业标准、地方标准的制修订工作。铁科院、铁三院、经规院等单位要积极鼓励并统筹组织专家参与上述标准化工作，充分体现铁路在综合交通和国民经济发展中的重要作用，明晰铁路与其他交通运输方式其他部门的工作分工与配合，充分保障路网统一（全国"一张网"）、安全高效生产。

4．优化完善中国铁路技术标准体系

铁路改制以来，总公司在原铁道部技术标准体系研究的基础上，建立了由普速铁路、高速铁路、重载铁路 3 大技术标准体系构成的中国铁路总公司技术标准体系。标准体系涵盖铁道国家标准、铁道行业标准、总公司技术标准和铁路专用产品标准性技术文件，并在随后对标准体系进行多次动态调整和更新。铁路技术标准体系的建立和不断完善，对系统地指导和规划铁路技术标准、加快重要标准的制定进程、促进创新技术成果的转化及推广应用起到积极作用。

在铁路网运关系调整的改革进程中，应紧密结合关键技术装备自主化、基础理论与前瞻技术研究、运营管理维修技术、安全监测检测技术以及重大综合试验，加强相关技术在标准制定方面的规划与研究，优化完善中国铁路技术标准体系的顶层设计，为路网整合提供技术支撑。

8.3.2 提高路网效率：加强信息化、智能化建设

我国铁路路网虽然规模庞大、线网复杂，但却具有密度小、承载能力低、布局不平衡的特点，实现路网整合，提高路网的网络经济性，即路网规模的扩大，将提升铁路运作的空间，这将有利于铁路更好地调节各线路的负荷，提高整个网络的能力利用程度和利用效率。然而，路网效率的提升在很大程度上依赖于铁路信息化与智能化的建设。

大力推进铁路信息化与智能化，已成为铁路全面深化改革，推动铁路现代化建设，转变传统经营方式和管理方式，提高运输生产效率、服务水平和管理水平，保障运输安全的迫切要求[62]。在铁路网运关系调整的改革进程中，应正确处理信息化与智能化的关系，以信息化为手段，以智能化为载体，大力发展信息化、智能化铁路，全面提高铁路信息化水平，为网运关系调整后的高效率运营提供重要的技术支撑和保障。

8.3.3 推进网运分离：完善定价制度

实行网运分离，路网公司、客运公司和货运公司之间就要建立市场交易关系。在原体制中几乎无偿使用的铁路线路，现在客、货运输公司要在向路网公司支付线路使用费用后，才能获得通路权。对不同地区、不同种类、不同等级、不同时间段的线路进行合理的价格定位，这是网运分离改革中十分重要的一环。

1. 铁路客运定价机制

第一，铁路客运定价综合评价调整机制。

统分结合的网运分离，实现客运市场化后，为保障客运市场的良性发展，应建立铁路客运定价综合评价调整机制。建立铁路客运定价综合评价调整机制，就是在运价管理体制基本框架内，设计一套完整系统的铁路客运定价评价体系，并取得国家价格管理部门的认可。该套客运定价评价体系既要充分尊重客运的市场化，又要适当保障铁路作为大众化交通工具的公益性。

第二，铁路客运定价上限。

铁路客运定价上限是指当外部经济环境发生变化，铁路用生产资料价格上涨时，在上述已经建立的铁路客运定价评价指标体系的基础上，计算铁路旅客运输成本费用调整系数，同时考虑非价格因素对成本的消化程度，根据调整系数，考虑运输企业利润与税金，即可确定新的运价总水平，再考虑运输市场供求关系、与其他运输方式的竞争以及运输企业发展的要求等因素，最终确定出新的运价执行标准，由运价形成主体据此标准定期调整铁路运价总水平。客运定价上限是对网运分离后开放的客运市场的运价管制方式之一。

第三，客运定价市场化。

实现铁路客运定价市场化必须要政企分开，改革铁路管理体制，引入竞争机制。统分结合的网运分离之后，客运市场可形成充分的竞争机制，实现客运定价的市场化。铁路客运定价市场化以后，政府必然要减少对铁路经营管理的干预，但放松管制并不等于放弃责任，政府部门还要依据市场竞争的原则对运价进行管理：一是控制运价总水平；二是确定定价原则，使铁路运价竞争有章可循。

2. 铁路货运定价机制

统分结合网运分离后，货运市场成为开放的竞争市场，其运价制定和管控方式也应发生相应的变化。

第一，在国家层面要明确开放定价的范围以及对定价的控制力度。

在对铁路货物运输定价实施管控时需要明确界定铁路货运的公益性范围和商业性范围，并且采取不同的定价管控机制。

对公益性范围内的铁路货物运输采取政府指导价的定价机制。公益性运输需求，铁路货物运输供给所带来的效益是长远而深入的，其具有不可估量的无形利益，需要在适当控制企业定价的基础上做到全面保障。同时，由于此类铁路货物运输服务的成本较高，若公益性运输服务对铁路货物运输企业造成较大程度的亏损，国家可降低其经营税收或者进行财政补贴。

对商业性范围内的铁路货物运输逐渐过渡到采取完全由市场决定的市场调节定价机制。目前铁路货物运输与公路货物运输在市场中尤其是零散快货市场中存在着充分的市场竞争，除此之外，网运分离后，各个运营公司之间也存在着充分的竞争，放开国家管控完全实行由市场决定的定价机制将会为铁路货物运输增加市场份额、提高企业竞争力提供良好的基础。同时优化铁路货运定价方式方法，也会对商业范围内的铁路货物运输定价形成良好约束。

第二，在企业层面要改革具体的定价方式。

货运市场开放后，各运营公司的货运定价方式可借鉴之前铁总的经验，并在此基础上进行一定改进：调整运价结构，简化杂费与附加费计算方法；定价更加体现差异化，根据不同的运输细分市场和货物运输产品制定不同的运价；调整运价号分类，简化铁路货物运输杂费及其他附加费等计算方法，可采用成本形式展现，企业根据具体的运输需求确定杂费和附加费"一口价"。

此外，各运营公司应针对性地对不同货物运输产品进行差别化定价，增强铁路货运价格的灵活性与敏感性。对不同竞争程度（如市场中现有和潜在的竞争者数量）、不同货物特性、不同地区（如不同经济发展程度的地区）、不同时期（如运输淡旺季）、不同货物运输服务要求（如特殊化的货主要求）下的货物运输产品采用不同侧重点和不同方式的货运定价方法。例如，对用户数量很少的货主通过建立协议或其他契约形式实现定价等。

8.3.4 铁路公益性补偿：建立公益性补偿制度

政企分开以来，中国铁路总公司承担原铁道部的企业职责，国家铁路局接受交通运输部的管理，承担铁道部的其他行政职责。铁路系统被一分为二，实现了政企分离，建立铁路公益性运输补贴的制度安排被提上日程。要详细制定补偿策略，计算企业应得到的补贴额度，第一步就是要建立科学合理的公益性经济补偿核算方法。然而，目前铁路系统实施的仍是原铁道部时期所采用的以交叉补贴为代表的内部转移性支付管理方法，通过经营营利性线路和公益性线路的财务在内部实现平衡。虽然这能够保证各条铁路线路的正常运行，但各条线路的收益回报难以独立核算，难以核算企业内部具体的财政情况，既不利于公益性相关数据的获取，也是导致民间资本进入铁路领域必须面对的一大障碍。

实施统分结合的网运分离之后，能够明确补偿主体与补偿对象，也避免了以往不合理的清算分配制度。运营公司单纯的逐利性会自然地形成整张路网上线路的运输密度差异，营利较好的线路运输密度大，竞争激烈，营利较弱的线路运输密度小，竞争微弱。这样，市场无形的手就将"公益性"线路自然地析出，为建立科学合理的公益性经济补偿核算方法提供了依据。在统分结合的网运分离条件下，铁路公益性运输将由国家财政对从事公益性运输的运营公司予以补贴，运营公司自负盈亏，这将有效地处理好铁路企业性与公益性之间的矛盾，在实现铁路运输市场化的同时保证社会主义制度的体制优势，并充分发挥我国的资源优势。

网运分离有利于铁路公益性补偿机制的建立，相反的，健全合理的公益性补偿机制能够完善网运分离的体制。开放的运营市场具有逐利性，为避免公益性运输在市场逐利的过程中被回避和淘汰，需要一套健全的公益性补偿机制来弥补市场调节在公益性运输方面的不足。

因此，设计出一套适应于网运分离经营管理模式和经济格局的经济核算方法刻不容缓。为保证铁路及整个交通运输行业作为基础行业对社会公益的最大贡献，必须建立合理的铁路经济标准核算方法，对铁路损失、成本、效益等进行多方面的深入研究。合理安排铁路建设投资中中央与地方、政府与企业的合理配置，必须对铁路公益性度量给出一个有效方法。基于国家近年来企业改革的相关政策，设计出一个合理的铁路新线建设投资与运营补贴方式。

8.4 加强监管保障

2013年，铁路政企分开后明确了由交通运输部、国家铁路局对铁路进行行业监管，中国铁路总公司不具有对其他铁路企业的行政支配权。但是中国铁路总公司控制着全国绝大部分的铁路线路、客货运输，在铁路运输市场中处于事实上的垄断地位。舆论担心"副部级"的国家铁路局不敢监管"正部级"的中国铁路总公司[①]。目前的铁路监管模式还存在以下几点不足之处。

1．缺乏监管法律保障

现行的铁路行业政府监管体制是根据国务院发表的通知而来的，目前现行铁路法规对此没有明确规定。《铁路法》第三条规定国务院铁路主管部门主管全国铁路工作，对国家铁路实行高度集中、统一指挥的运输管理体制，对地方铁路、专用铁路和铁路专用线进行指导、协调、监督和帮助。国家铁路局监管中国铁路总公司常给人一种"有心无力"或"有所避嫌"的感觉。消除这种现象的办法之一就在于修订《铁路法》并制定配套的监管法，有了法律赋予的合法监管职能，国家铁路局才能够依法而不是依行政级别或权力去实施监管。

2．缺乏中立的监管机构

高效、合理的监管机构设置是监管机制能够发挥实效的组织保障，目前交通运输部是铁路监管主体，下设的国家铁路局是专业监管机构，交通运输部和国家铁路局在一定程度上是领导与被领导关系。同时，国家铁路局由铁道部蜕变而来，其监督职能的独立性和中立性大打折扣。我国电信在改革之初，电信监管机构虽从原电信企业中分离出来，但是人员关系、思维模式与电信企业依旧存在着千丝万缕的关系，造成监管机构一方面有意或无意保护国有电信企业的垄断行为，另一方面又视电信企业为其下属，行政监管过度，抑制了市场竞争的健康发展。从铁路行业监管目前来看，该方式仍沿袭了传统监管模式，在未来铁路运输行业打破垄断进入市场竞争后，有可能出现监管机构有意或者无意地偏袒国有铁路企业、打压非国有铁路企业的问题。

3．价格监管机制有待完善

目前铁路价格调整主要依据是《价格法》《铁路法》以及国家发改

[①] 本书作者认为，舆论的这种担心是完全多余的，政企分开后的国家铁路局与中国铁路总公司在分别履行"政府"和"企业"职能上，成效还是十分显著的。

委和原铁道部的相关文件、通知、规定。《价格法》只是对垄断行业价格的相关问题进行了笼统的规范，缺乏针对铁路定价的内容;《铁路法》虽然对铁路运输价格的制定与调整做出了一些原则性规定，但也没有具体的、细化的说明。这两部法律实施年代久远，已不适应当前铁路运价市场化调整的需要。

除了现有铁路监管的不当之处，改革过程中也会产生一系列新的监管问题。加强监管工作，确保改革风清气正，是改革顺利推进的重要保障。2001 年，德国铁路公司查出腐败大案，原采购部的主管和两家供货企业的 3 名负责人涉案，其贪污行为也许仅仅只是一个更大的贪污腐败网中的冰山一角，可见当初德国铁路公司在改革过程中有人利用机会大肆中饱私囊[63]。基于统分结合的网运分离将成立一个大、统、全的路网公司。由于路网公司具有统一而庞大的路网资源，因而在市场中必然处于强势地位，极容易滋生腐败。但从通信、电力行业的改革思路来看，网络型自然垄断行业网运分离也许是国家意志。只要体制设计合理，这个情况可以避免或者减小到可以接受的程度。而且，一个统一的路网是现实的选择，因为我们不能为了防止腐败去搞另外一个路网与之竞争，那样成本太高了。因此，必须依靠强有力的监管手段来遏制腐败风气的滋生。

除此之外，还可成立一个独立于现国家铁路系统的国家铁路改革咨询委员会，协助做好铁路改革的顶层设计，确保铁路改革的顺利实施，同时防止国有资产流失。

正视现有的监管问题，并对改革进程中可能产生的问题提前采取监管对策，是改革顺利进行的前提。

8.5　加强宣传保障

加强宣传工作，达成改革共识，将有力支撑铁路改革的顺利推进。铁路在我国综合运输系统中一直发挥着骨干作用，也直接关系着人民群众的根本利益，正如我国铁路一直坚持"人民铁路为人民"的根本宗旨。在完成了顶层设计和法律制定后，应组织相关职能部门做好宣传工作。

铁路网运关系调整也必须获得公众的支持，特别是使广大人民群众理解改革的必要性和复杂性。社会的认同不仅会起到催化剂的作用，推动改革的进行，而且也会起到还原剂的作用，让铁路资源回归市场，以保证更好的质量、创造更高的效益。

除此之外，全路 200 多万干部职工的切身利益也要得到重视，这也是宣传任务的一大重点。全路干部职工既是改革的原动力，他们对改革的共识也将为改革的顺利推进添加发酵剂。可以预见，在改革过程中会遇到各种各样的问题，这都需要得到广大人民群众，特别是数百万铁路职工的理解和支持。所以，必须重视改革前的宣传工作，促进社会认同。

8.5.1　铁路改革的内部宣传

《中国铁路总公司关于全面推进铁路局公司制改革的指导意见》（铁总改革与法律〔2017〕223 号）指出，各铁路部门在推进公司制改革过程中，要深入开展宣传思想工作，积极解释疑惑，引导干部职工理解改革、支持改革，确保队伍稳定，高效开展铁路运输、铁路建设和经营开发，为改革的顺利推进提供有力保障。为配合铁路局公司制的改革，提供舆论支持，公司各级党委和宣传、新闻部门加大改革宣传的力度，充分调动广大干部和工人拥护改革、参与改革的积极性。

实施统分结合的网运分离，其变革程度远大于各铁路局公司制改革，为保证人心稳定，改革顺利推进，应首先在国家铁路系统内部大力开展改革宣传。

1．拓宽宣传阵地，壮大宣传力量

为强化企业网运关系调整宣传，国家铁路系统各级党委（党组）除充分运用广播、电视、网络、内部刊物等新闻媒体外，国家铁路系统应要求公司各级内部人员学习铁路网运关系调整的相关知识。为壮大舆论宣传，国家铁路系统还可以在内部举办相应的新闻培训班，拟定铁路网运关系调整改革的宣传报道要点，加深公司内媒体工作人员对网运分离的理解与认识。

2．增强新闻宣传的针对性，正确把握宣传导向

国家铁路系统的广播、电视、报刊、官方网站等部门，在公司实施网运分离新举措出台前，应广泛宣传目前我国全面深化国企改革的发展形势和现阶段全面深化铁路改革的主要任务，强调实施铁路网运关系调整是解决铁路一系列深层次问题的破门斧。除此之外，同时还可宣传我国电力、通信、油气等相似领域国有企业改革的成功案例和经验，使广大干部和工人深刻认识到，网运关系调整是当前铁路改革实践层面的首要关键问题。在现阶段国有企业深化改革的浪潮下，应该抓住机遇，努力探索出一条新的铁路发展之路。

紧紧围绕改革的进程要做好战役性宣传报道。第一阶段广泛宣传公司新出台的网运关系调整的各种方案和举措，并加强言论写作，推出《铁路改革系列谈》等新栏目，增强新闻宣传的思想性。第二阶段抓贯彻落实的连续报道，先后报道铁路改革步子稳、效果好，建立独立法人运转等新做法，增强新闻宣传的针对性。第三阶段宣传改革新举措实施后的实际效果，侧重点放在"解放思想"这一主题上[64]。

3．纠正模糊认识，为改革提供思想保证

首先应统一思想。应该引导铁路干部职工深刻理解铁路网运关系调整的重大意义、重点任务和具体措施，把国家铁路系统关于铁路改革的决策部署变成干部职工的思想共识，正确对待铁路网运关系调整，积极投身改革，确保这项改革的顺利实施。通过大力宣传引导，帮助干部职工进行一次思想大解放，观念大转变，进一步统一思想和步调，凝聚智慧和力量，营造一个人人关心、个个支持铁路改革的良好氛围。

其次应转变观念。通过大讨论，及时向干部职工传达铁路网运关系调整的重要性，引导车站干部职工切实改变不适应市场经济要求的传统思维，树立新的生产和服务理念，最后应做好深入细致的思想工作。铁路网运关系调整涉及机构和岗位调整，直接关系到干部职工的切身利益，必然对干部职工的思想产生冲击，所以应当做好改革中的思想政治工作，真情关心关爱职工，为铁路改革的推进实施营造良好的内部环境。

纠正模糊认识在铁路网运关系调整过程中显得尤为重要，错误或不全面的认识会阻碍改革进程，对社会造成负面影响，例如针对专栏8-1的两个问题，应做好宣传保障。

【专栏 8-1】

（1）铁路改革就是私有化？

在全面深化铁路改革的实施路径中，"铁路走向市场"，是铁路适应经济社会发展的重大举措，也是铁路实现可持续发展的必然选择。然而，部分干部、职工和群众由于对铁路改革缺乏深入的了解，认为铁路改革是进行铁路私有化，因而反对铁路改革。这种理解是错误的，事实上，我国铁路改革的出发点仍然是毫不动摇地坚持社会主义公有制，在确保国家对铁路路网绝对控制的前提下积极探索推进混合所有制，这并非将铁路私有化。在作者建议的我国铁路改革路径中，由于路网的特殊属性，中国铁路总公司（或改制后的公司）可代表国家持有不少于51%的股份，从而可以确保国家对中铁路网的绝对控股权。中铁路网的最终实现形式将是具有完善现代企业制度和混合所有制特征并由国有资本绝对控股的（集团）股份有限公司。为了改善和纠正人们对铁路改革的模糊和错误认识，我们需要通过加强内部宣传，使他们了解并支持改革，从而促进铁路改革。

（2）实施"1+8"的网传方案？

本书在第2章中论述"网运合一"方案时，列举过"1+8"的"网传方案"，该方案在2017年9月初铁路改革局势不明朗时出现并传播，引起了广大铁路职工不必要的揣测。

众口铄金，三人成虎，一些无根据的谣传和僵化的观点，会引起全社会对铁路改革的质疑。可见，舆论对建立良好的改革环境，作用不容小觑。打击谣传，回应质疑，正确引导舆论，对在改革进程中稳定人心、凝聚力量具有重要的作用。

8.5.2　铁路改革的外部宣传

在实施统分结合的网运分离过程中，除了加强国家铁路系统内部宣传以稳定人心外，铁路企业的外部宣传也尤为重要。铁路网运关系调整外部宣传要做好在全媒体、自媒体时代铁路新闻宣传工作。为实现铁路对外宣传的良好效果，可以采取以下措施进行对外宣传。

1．树立正确的宣传导向

与铁路改革发展高层人员进行沟通，对改革开展宣传时应斟酌遣词用句，避免使用"私有化""票价提高"等可能让社会产生不良联想的字眼，避免社会居民因此产生忧虑、戒备甚至抵触心理。同时，还应积极强化铁路网运关系调整对社会发展的促进度和现实国情适应性的宣传，提高社会接纳度。

2．加强公关危机管理

铁路网运关系调整对外宣传的另一工作重点是应对社会舆情，适时引导和应对因网运分离、开放运营市场而产生诸如"票价上涨"等言论。在铁路企业内部根植公关危机意识，做好日常预防性公关。对社会舆情进行跟踪监控，依托长期而持续的危机诊断，开展相应的危机预警与识别，把握好事态演化趋势，及时判定公关对象，以便公关危机萌芽前能够尽早采取适当行动[65]。同时也要做好反应性公关，构建迅速从正常情况转换到紧急情况的公关危机应对能力，在突发事件面前第一时间对危机进行判断与定性，迅速确立对策，迅速抢占舆论制高点，确保以可控的成本渡过危机。

3．针对性开展铁路改革跟踪报道

积极配合"一带一路"等倡议的实施，国家政治、外交、经贸等领域的动向，敏锐观察、及时研究判断铁路网运关系调整的相关节点和契机，努力将铁路网运关系调整与国家发展紧密结合，有计划、有针对性地展开宣传工作，以便机会出现时能快速响应，对宣传工作要有的放矢。

4．创新对外宣传策略

创新铁路网运关系调整宣传模式，针对性地借鉴先进的宣传和传播方法，增强改革宣传的及时性、有效性，形成与铁路改革相一致的多元化传播渠道。抓好各种有利时机，充分利用传统媒体、互联网新媒体等多种媒体媒介，充分利用网络舆论，做好关于铁路网运关系调整的多方位舆论引导工作，及时向公众传递铁路网运关系调整的相关基础理论、具体举措以及改革效果。在进行铁路网运关系调整宣传时，既要了解现阶段我国铁路的实际情况，又要了解铁路改革的法律法规等特点，促成符合现阶段我国民众接受度的铁路网运关系调整宣传体系。加强与新闻媒体的沟通协调，加大对铁路改革的宣传报道，在全社会形成推进铁路改革的浓厚氛围，加强各项改革工作的沟通协调，充分调动各方的积极性，凝聚共识、合力进行铁路改革宣传工作[66]。

8.6 本章小结

本章的主要工作为：强调保障机制在网运关系调整及后续深层次改革中的重要性和必要性，涉及顶层设计、立法、监管、宣传教育等多层面。

本章的主要观点为：

（1）我国铁路系统向统分结合的网运分离的经营管理体制转变过程中，会面临大量的历史遗留问题，如债务问题、人员分配问题、产权分割问题等，这些"疑难杂症"的解决必须以强大而完善的顶层设计为基础，做好利益分割。这是向新体制转变的前提条件，也是在转变前的准备阶段需要重点解决的问题。除此之外，顶层设计对新体制的运行、管理和完善都具有重要作用，特别是转变初期，需要顶层设计对新体制下的各类公司进行引导，特别是引导社会资本进入铁路行业，这样才能发挥社会主义市场经济制度的先进性，在铁路行业形成完善的市场运行机制。

（2）能否严格禁止路网公司以任何形式获得客货运营资格是统分结合的网运分离能否实现并取得成效的关键。为了提供公平的竞争环境，必须以法律法规的形式严格禁止路网公司以任何形式（全资、控股或参股）获得铁路客货运营资格[15]。否则，庞大的路网公司在利益驱使下会衍生出众多的有直接共同利益的运营公司，这些公司在利用路网资源的时候享有事实上的优先权，从而破坏市场竞争的公平性。

（3）一个大、统、全的路网公司具有统一而庞大的路网资源，因而在市场中必然处于强势地位，极容易滋生腐败。因此，必须依靠强有力的监管手段来遏制腐败风气的滋生。

（4）无论什么形式的改革，都必须获得人民的支持，特别是使广大人民群众理解铁路改革的必要性和复杂性。社会的认同不仅会起到催化剂的作用，推动改革的进行，而且也会起到还原剂的作用，让铁路资源回归市场，以保证更好的质量、创造更高的效益。全路干部职工不仅是改革的原动力，他们对改革共识也将为改革的顺利推进添加发酵剂。

第 9 章

结论与展望

铁路网运关系问题是全面深化铁路改革实践层面的首要关键问题。本书从我国铁路改革历程和国内外典型自然垄断企业改革实践着手,研究铁路网运关系调整问题。本书提出了"基于统分结合的网运分离"的经营管理体制,不仅能够坚持铁路运输统一集中指挥的原则,而且能保证运输路网基础设施的完整性与运输的高效性,还能够真正地实现政企的分离,避免政府对企业的过度干预,有利于铁路改革进程中一系列深层次问题的解决,对全面深化铁路改革具有重要意义。

9.1　主要研究内容

长期以来,铁路拥有优厚的运输资源,但在运输市场所占份额却逐年下降。现代企业制度、混合所有制、投融资体制、债务处置、公益性补偿、监管体制等问题尚未有实质性突破,铁路改革发展面临严峻挑战。本书期望以网运关系调整作为铁路深化改革的突破口,探讨"统分结合的网运分离"模式在我国当前国情路情下的适用性以及如何在当前体制下实现"网运分离",如何以此为突破口深化铁路后续改革。本书主要研究内容如下。

1. 梳理我国铁路改革历程

本书分析了我国铁路改革的五个阶段,总结了我国铁路改革经验。

2．比对国外铁路改革及类似垄断行业改革

本书通过对美国、日本、法国、英国等国家的铁路改革以及我国电力、石油等行业的改革研究，从改革措施、改革效果、改革目标等多重维度对照思考我国铁路改革模式。

3．深刻分析网运关系调整的内外因

本书分析了我国铁路发展的现状，找出了铁路网运关系对其他一系列深层次问题的制约关系。

4．分析多种网运关系模式及相应模式下的改革方案

本书分析了"网运合一"与"网运分离"两种网运关系的定义与特点，重点将赵坚提出的"区域分割"、魏际刚提出的"网运分离"与本书方案做了比较。

5．分析"统分结合的网运分离"的必要性与可行性

本书分别从"网与运分离""网与网统一""运与运分离"三个方面分析其必要性，并分别从政策、技术、经济、社会四个方面讨论其可行性。

6．论述"统分结合的网运分离"模式下的管理体制

本书具体提出了路网公司、运营公司的职能划分，并在行业监管、价格监管、质量监管等方面提出了初步构想。

7．论述"统分结合的网运分离"模式的实施路径

本书提出了基于我国铁路体制现状的网运关系调整的"四步走"路径，具有自下而上、充分利用现有体制优势的特点。

8．对后续铁路改革的设想

本书从现代企业制度、混合所有制、投融资体制、中长期债务处置等多方面入手，对网运分离后的铁路深化改革提出了系统性的构想。

9．对"统分结合的网运分离"模式的保障机制进行研究

本书从顶层设计、立法保障、技术保障、监管保障、舆论保障等多方面论述了"统分结合的网运分离"模式的保障机制。

9.2 主要研究结论

本书提出的"基于统分结合的网运分离"，创造性地结合我国国情和铁路路情，提出"四步走"实施路径，让"统分结合的网运分离"兼备可行性和优越性。

本书主要研究结论如下：

（1）铁路网运关系是经营管理体制的重要组成部分，直接决定经营管理体制能否适应市场需求、是否符合发展趋势。我国铁路作为一个网络型、超大型的自然垄断行业，如何处理路网与运营之间的关系，已经成为全面深化铁路改革实践层面的首要关键问题，亟待以网运关系调整作为突破口，为彻底解决铁路投融资体制、公益性补偿、中长期债务问题等深层次问题创造有利的条件。

（2）美国、日本、欧洲等国家和地区的铁路运输企业与我国通信、电力、民航等典型行业的改革实践历程表明，"网运分离"对打破行业自然垄断性具有重要意义。结合中共十八届三中全会《中共中央关于全面深化改革若干重大问题的决定》中提出的"国有资本继续控股经营的自然垄断行业，实行以政企分开、政资分开、特许经营、政府监管为主要内容的改革，根据不同行业的特点实行网运分开、放开竞争性业务，推进公共资源配置市场化"精神，我国铁路改革过程完全可以避免再走弯路，摒弃"区域分割"和"业务分割"模式，网运分离模式是适合我国国情和铁路路情的，并具备一定的优越性。

（3）我国铁路改革中存在着路网与运营之间的矛盾，即以提高运营效率、保证运营安全为目标，"路网宜统一"；以提高运输服务质量、有效融入竞争为目标，"运营宜分离"。因此，"统分结合的网运分离"将成为我国铁路现有矛盾的化解方案和深化改革的必然选择。统分结合的网运分离模式将以国有资本独资或控股的一个大、统、全的路网

公司和由各类资本举办的众多的小、精、专的运营公司为显著特点。这种模式将有利于促进铁路深层次政企分离，有利于国家所有权政策的实施、有利于国有经济战略布局的调整、有利于国有资产的分类管理、有利于发挥垄断的优势、有利于发挥市场竞争的优势、有利于从根上解决铁路深层次问题,有利于减轻运输企业的成本负担。"十三五"期间正是全面深化铁路改革的最佳时间窗口，统分结合的网运分离是铁路改革的必然选择，且具备政策、技术、经济、社会等层面的可行性。

（4）在统分结合的网运分离条件下，路网公司要当好国家铁路基础设施的建设维护者和国家铁路基础设施服务的提供者，其主要职能包括运行图规划与管理、行车调度指挥以及路网基础设施运用与维护；运营公司作为市场竞争的直接参与者，其主要职能是为旅客和货主提供优质的运输服务，设计迎合市场的各类运输产品，以保持市场占有率。为了提供公平的竞争环境，必须以法律法规的形式严格禁止路网公司以任何形式（全资、控股或参股）获得铁路客货运营资格。否则，庞大的路网公司在利益驱使下会衍生出众多的有直接共同利益的运营公司，这些公司在利用路网资源的时候享有事实上的优先权，从而破坏市场竞争的公平性。能否严格禁止路网公司以任何形式获得客货运营资格是网运分离能否实现并取得成效的关键。

（5）关于网运关系调整路径："四步走"改革实施路径是在利用现阶段正在实施的铁路货运组织改革成果的基础上持续、深入推进"统分结合的网运分离"，分为改革准备阶段、运营业务公司化阶段、网运分离阶段、路网整合阶段四步。铁总一直能够发挥积极作用，直至最后瘦身成为"中国铁路路网（集团）股份有限公司"。四步走方案较上一轮"网运分离"具备更有利的外部条件，创新性地铺画了"顶层设计+自下而上"的改革路径，高举低打，强调市场手段多一些，并充分利用中国铁路总公司的既有优势，铁总和 18 个铁路局作为运营公司的主要股东将发挥重要作用，社会资本进入铁路运营领域可能性大，"竞争性业务"能够充分放开。

（6）基于统分结合的网运分离将有效打破铁路投融资体制、公益性补偿、中长期债务等方面存在的较多障碍，不仅适应我国国情和铁路路情，还符合中长期铁路改革发展需要，为推进铁路上述各项后续改革工作创造了有利条件。实现"统分结合的网运分离"后，应当以此为突破口，继续完善铁路现代企业制度、混合所有制、投融资体制、公益性补偿机制、债务处置等后续改革。

（7）"统分结合的网运分离"面临的改革内容复杂而且持续时间较长，应从顶层设计和具体实施内容两个层面形成长效的保障机制，涉及改革全过程，注重立法和监管工作，加强舆论引导，在铁路领域甚至全社会形成改革共识，确保全面深化铁路改革稳步顺利推进及显著成效。

9.3　未来研究展望

由于铁路系统庞大、改革涉及面广、牵涉利益较多，研究工作十分复杂。本书仅作为"铁路改革研究丛书"的其中一本，旨在从铁路网运关系调整角度提出一套系统改革方案设想，供决策层参考。

本书在投融资体制、现代企业制度、中长期债务等方面如有未详尽说明之处，请参见"铁路改革研究丛书"的其他各相关专著。

由于笔者能力有限，尚有不成熟之处，有待深入研究，特别是路网公司发展的场景构想及监管体制等部分，如有不妥，恳请广大读者指正。

参考文献

[1] 江书陆. 我国铁路运输业改组与改革研究[D]. 福州：福建师范大学，2005.

[2] 李雷. "网运分离"模式在铁路改革中的运用[D]. 成都：西南财经大学，2006.

[3] 中华人民共和国国家统计局. 年度数据 [EB/OL][2017-04-26]. http://data.stats.gov.cn/workspace/index?a=q&type=global&dbcode =hgnd&m=hgnd&dimension=zb&code=A0G0H0N&region=000000 0&time=2013.

[4] 周荷芳. 铁路体制改革若干问题的研究[D]. 成都：西南交通大学，2002.

[5] 刘世锦. 中国铁路改革与重组模式：第三种选择[J]. 中国工业经济，2003，3：28-33.

[6] 姜惠明. 铁路运输业现代企业制度的建立及"网运分离"[D]. 西安：西北大学，2002.

[7] 罗庆中，贾光智，昌晶. 国外铁路改革[M]. 北京：中国铁道出版社，2013：75-76.

[8] 赵坚，汤浒，崔莎娜. 我国铁路重组为三大区域铁路公司的设想[J]. 综合运输，2012（7）：28-32.

[9] 汤浒，赵坚. 国外铁路重组的实践对中国铁路改革的启示[J]. 综合运输，2016，38（5）：15-20.

[10] 铁道部办公厅. "网运分离"：中国铁路运输管理体制改革的基本

思路[J]. 铁道经济研究，2000，3（2）：2-5.

[11] 魏际刚. 新时期深化铁路体制改革思路研究[J]. 港口经济，2016（4）：16-20.

[12] 左大杰. 基于统分结合的铁路网运分离经营管理体制研究[J]. 综合运输，2016（3）：24-35.

[13] 左大杰. 铁路网运分离的必要性与实施路径[J]. 综合运输，2013（7）：44-46.

[14] 赵吉斌. 借鉴美国铁路之所长　推进中国铁路改革发展[J]. 铁道经济研究，2001（6）：18-21.

[15] 孙萍. 日本铁路改革及启示[J]. 辽宁广播电视大学学报，2007（1）：23-25.

[16] 孟斯硕. 中国铁路运营管理不宜"网运分离"[EB/OL]. 中国证券报·中证网.

[17] 崔艳萍. 关于德国铁路改革的探讨[J]. 铁道运输与经济，2013（7）：94-97.

[18] 张欣元. 法国国营铁路管理体制改革述评[J]. 铁道运输与经济，1999，3：38-40.

[19] 邹检文. 铁路"网运分离"改革与激励约束机制研究[D]. 贵阳：贵州大学，2007.

[20] 张越. "铁塔"成立，"网业分离"的前奏[J/OL]. 中国信息化，2014（16）：50-51.

[21] 夏竞辉."铁塔公司"深化行业改革的有力一步[J]. 中国信息化，2014（8）：6.

[22] 姜洋. 论中国民航业的市场化改革[D]. 成都：四川大学，2007.

[23] 熊巍. 我国民用机场管理体制与运营模式改革反思[D]. 上海：华东政法大学，2010.

[24] 黄建伟. 自然垄断产业的组织演化与规制调整——中国民航运输业的研究[M]. 北京：国防工业出版社，2014.

[25] 经济参考报. 油气改革方案或将于两会后落地　相关配套细则正酝酿[EB/OL]. 东方财富网.（2017-03-08）[2017-04-26].

[26] 神华集团有限责任公司. 业务与产品——铁路[EB/OL]. 神华集团

[2017-04-26].

[27] 中研网. 国务院通过"新版电力体制改革方案"[EB/OL]. 中研网 [2017-04-26].

[28] 角本良平. 三种民营化——道路公团改革、邮政改革与 JR[M]. [出版地不详]：流通经济大学出版会，2005：133.

[29] 蒋媛媛，陈雯."网运分离"模式在中国铁路的可行性研究[J]. 产业经济研究，2009（6）：73-79.

[30] 齐文超. 实施"网运分离"加速推进客运公司市场主体的确立 [J]. 铁道经济研究，2001，2（2）：7-10.

[31] 陈楠. 我国铁路网运分离式管理体制改革研究[D]. 长沙：中南大学，2007.

[32] 陈鸿. 国有经济布局[M]. 北京：中国经济出版社，2012：101-105.

[33] 中国网."十三五"期间，国企混改会走多远？[EB/OL]. 国务院新闻办公室网站[2017-04-26].

[34] 新华网. 习近平主持召开中央全面深化改革领导小组第十七次会议[EB/OL]. 新华网[2017-04-26].

[35] 中国国防报. 中国高铁：国家安全战略的新支点[EB/OL]. 中华人民共和国国防部[2017-04-26].

[36] 杨奎. 整体路网条件下的铁路统一调度指挥方法研究[D]. 成都：西南交通大学，2012.

[37] 罗纳德·哈里·科斯. 企业的性质，载于新制度经济学[M]. 北京：北京大学出版社，2003：103-118.

[38] 佚名. 国务院机构改革和职能转变方案[EB/OL]. 中华人民共和国中央人民政府[2017-11-29].

[39] 简维. 铁路运输企业改革重组方案研究[D]. 成都：西南交通大学，2012.

[40] 王亚飞，罗万鹏，孙砚. 德国铁路列车运行线产品管理体系研究[J]. 铁道运输与经济，2015（6）：68-73.

[41] 福尔克尔·布茨巴赫，狄方良. 德国铁路路网股份公司的线路使用费体系[J]. 中国铁路，2006（3）：47-51.

[42] 李哲峰. 四川航空大巴车免费乘坐，但营利却上亿元的秘密

[EB/OL]. 网易财经.（2013-12-23）[2017-04-26].

[43] 路汤普生，凯瑞·雅克·巴丁，邵玉萍. 铁路改革方向[J]. 铁道经济研究，2001（3）：8-15.

[44] 林雪梅. 铁路行业的政府监管体制研究[D]. 成都：西南交通大学，2013.

[45] 章军. 中国铁路行业监管机制研究[D]. 长春：吉林大学，2015.

[46] 刘佳丽. 自然垄断行业政府监管机制、体制、制度功能耦合研究[D]. 长春：吉林大学，2013.

[47] 杨瑜. 国家铁路客运票价调整机制研究——基于港铁运营经验[J]. 价格理论与实践，2014（3）：51-53.

[48] 李文兴. 我国铁路货物运输政府指导价问题研究[J]. 价格理论与实践，2013（11）：21-23.

[49] 赵庆国. 高速铁路产业发展政策研究[D]. 南昌：江西财经大学，2013.

[50] 毛传清. 中国社会主义市场经济发展的六个阶段[J]. 中南财经政法大学学报，2004（4）：20-26, 33.

[51] 邵宁. 国有企业改革实录（1998—2008）[M]. 北京：经济科学出版社，2014.

[52] 毛立言. 关于现代企业制度的新思考[J]. 经济纵横，2012（11）：12-19.

[53] 陈思明. 中国铁路建立现代企业制度的改革模式[J]. 上海铁道大学学报（医学辑），1999（7）：103-107.

[54] 人民出版社. 中共中央关于全面深化改革若干重大问题的决定[M]. 北京：人民出版社，2013.

[55] 朱丽洁. 国有铁路运输企业税收管理与核算问题的研究[D]. 南京：南京理工大学，2012.

[56] 陶海青. 知识认知网络与企业组织结构演化[M]. 北京：中国社会科学出版社，2010.

[57] 邱薇华，李健. 城市轨道交通企业管理[M]. 北京：中国铁道出版社，2011.

[58] 秦萍. 高铁时代的集装箱运输——访中铁集装箱运输有限责任公

司副总经理韩晓鸣[J]. 中国船检，2010（8）：24-26.

[59] 冯姗姗，吴文娟，周浪雅. 日本民营铁路商业经营模式的探讨[J]. 铁道运输与经济，2015，37（2）：68-74.

[60] 新京报. 习近平：凡属重大改革都要于法有据[EB/OL]. 新华网.（2014-03-01）.

[61] 《求是》. 全面深化改革必须全面推进依法治国[EB/OL]. 新华网.（2014-11-22）[2017-04-26].

[62] 刘卫国. 现代化、信息化、数字化、智能化及其相互关系[J]. 中国铁路，2011（1）：83-86.

[63] 刘钢. 德国铁路公司查出腐败大案 原采购部主管收监[EB/OL]. 新华网[2017-04-26].

[64] 准宣. 加强宣传思想工作为深化企业改革服务[J]. 内蒙古宣传，1994（9）：46-49.

[65] 谭飞燕. 企业危机公关管理探究[J]. 企业导报，2011（17）：62-63.

[66] 耿枢馨. "走出去"背景下加强我国铁路企业对外宣传能力的策略研究[J]. 中国铁路，2016（9）：23-26.

后 记

....

本书是"铁路改革研究丛书"中的一本，重点研究铁路网运关系调整问题。

自改革开放以来，我国社会各行各业都在不断变革，以适应经济社会高速发展的需要。通信、电力等具有网络型自然垄断性质的大型国有企业也在改革过程中不断摸索方向和路径，经历了上下求索、攻坚克难的曲折过程，已经取得了重大成就，总体上已与社会主义市场经济相融合，为我国综合实力的增强做出了重大贡献，同时也为全面深化铁路改革提供了重要参考。从铁路行业自身而言，目前已具备了有利的外部条件，存在的一些深层次问题和突出矛盾亟待通过以网运关系调整作为突破口予以解决。

本书立足于全面深化铁路改革的宏观高度，对适应我国铁路长期可持续发展的经营管理体制进行深入研究和探讨。研究重点是铁路网运关系调整，在充分借鉴国内外网络型自然垄断行业网运关系调整的实践经验，总结我国铁路经历的数次重大改革和我国大型国有企业改革的基础上，结合当前我国国情和铁路路情，阐述了我国铁路网运关系调整的必要性及采用"基于统分结合的网运分离"经营管理体制的可行性，并明确了网运关系调整"四步走"具体实施路径及其保障机制。然后，充分运用中共十八届三中全会首次提出或进一步完善的"现代企业制度""混合所有制""现代产权制度"等一系列重要论断，提出基于公司制的铁路现代企业制度、基于产权多元化的铁路混合所有制改造方式、基于国有资产产权流转的铁路中长期债务处理方式等后续改革的初步设想，以期突破当前全面深化铁路改革的难题，形成一套相对完善的网运关系调整方案，为我国全面深化铁路改革提供参考。

尽管铁路改革涉及不同阶层利益，但为了解决深层次的矛盾和问题，激发铁路系统活力、动力和竞争力，必须以铁路网运关系调整作为突破口，为全面深化铁路改革创造必要而有利的条件。本书提出的"基于统分结合的网运分离"的"四步走"实施路径，是从我国国情和铁路路情出发，让"统分结合的网运分离"兼备可行性和优越性的改革路径。

总体来说，本书内容丰富，涉及面广，政策性极强，实践价值高，写作难度很大。但是，考虑到当前铁路改革发展的严峻形势，迫切需要出版"铁路改革研究丛书"以表达作者的想法与建议。该丛书的初衷是试图构筑全面深化铁路改革的完整体系，对若干关键问题的阐述可能还不够深入，存在考虑不周、甚至错误之处，恳请专家与读者提出宝贵意见和建议，以便再版时修改与完善。

西南交通大学黄蓉、陈瑶、丁祎晨、唐莉、王孟云、乔正、诚则灵、任尊、雷之田、戴文涛、曹瞻、胡万明、李斌、张瑞婷、池俞良、马寓、曾江、赵柯达、杨明宇、霍跃、宗小波、熊超、卓华俊、罗桂蓉、徐莉、孙晓斐、李岸隽、陆柳洋、谢媛娣、徐跃华、丁聪、石晶等同学在本书撰写工程中承担了大量的资料收集与整理工作。感谢他们为本书的撰写和出版所付出的辛勤劳动。

最后，本书付梓之际，感谢所有关心"铁路改革研究丛书"、为本书编写做出贡献的专家、学者以及铁路相关领导同志。

左大杰

2018 年 11 月 2 日